kurz & bündig

macht in kurzer Lesezeit
mit dem Wichtigsten vertraut.
Die einzelnen Bände dieser Serie bieten
Einblicke in die Themenkreise

Religion & Philosophie
Wirtschaft & Gesellschaft
Natur & Umwelt
Wissenschaft & Technik
Kunst & Kultur
Sprache & Literatur
Geschichte & Geographie

Herausgegeben von Wolf In der Maur

Ernst A. Swietly

Versicherung

Milliardenumsätze
mit einer unsichtbaren Ware:
dem Risiko

hpt-Verlagsgesellschaft

Der Autor dankt dem Leiter der staatlichen Versicherungsaufsicht Herrn Ministerialrat Dr. Josef Daum für die fachliche Beratung.

CIP-Titelaufnahme der Deutschen Bibliothek

Swietly, Ernst A.:
Versicherung / Ernst A. Swietly –
Wien: hpt-Verl.-Ges., 1991 (kurz & bündig)
ISBN 3-85128-056-3

Lektorat: Helga Zoglmann
Einbandgestaltung: Erich Baumann

Satzherstellung: »PWS« Fotosatz-Ges.m.b.H., Fohnsdorf
Druck und Bindung: Wiener Verlag, Himberg

Inhalt

Vorwort des Herausgebers

Schon im sagenumwobenen Reich des Hammurabi, König von Babylon (1728–1686 v. Chr), machte man Versicherungsgeschäfte; die ersten, die uns überliefert sind. Man ersann ein System, die möglichen – und häufigen – Verluste auf den komplizierten Handelswegen zu Lande und zu See zumindest finanziell abzuwenden.

Im antiken Hellas, im imperialen Rom wurde das System weiter gepflegt und einigermaßen verfeinert. Zur Zeit des reichen Florenz gedieh das Versichern bereits zu einem ausgefeilten Geschäft. Ende des 14. Jahrhunderts tauchen die ersten Versicherungs-Polizzen auf. Italien, England mit zunehmender See- und Handelsmacht, die Hansestädte, die Niederlande, das waren die Stätten, in denen das Versicherungswesen – übrigens in engem Zusammenhang mit dem Bankgeschäft – immer weiter gedieh und sich schließlich über die ganze Welt hin verbreitete.

Die Geschichte der Versicherung ist ein Stück Zivilisations- und somit Weltgeschichte. Sie brachte sogar ein besonders geartetes System der Mathematik mit sich: die Versicherungsmathematik; sie befruchtete die Entwicklung der Statistik und die Vorausberechnung vielfältiger Risiken.

Heute durchdringt die Versicherung unser aller Leben. Denn in der modernen Welt tritt sie uns sowohl als ein kompliziertes Privatgeschäft, als ein gegenseitiges Risiko-Genossenschaftsgeschäft und in Gestalt der modernen Sozialversicherung als eine öffentliche (staatliche) Angelegenheit entgegen.

Im Finanzgeschäft der ganzen Welt nehmen Versicherungen einen hervorragenden Platz ein: Sie sind zu Anlagegeschäften verpflichtet und führen große Teile des bei ihnen angesammelten Kapitals wiederum dem öffentlichen und dem privaten Sektor des Geldkreislaufs zu. Durch eigene Versicherungssteuern, durch Vermögensveranlagung in staatliche Anleihen und durch Geldleihe versorgen Versicherungen auch den Staat mit Mitteln, der wiederum in den meisten Hochzivilisationen die Aufsicht über die Versicherungen ausübt – ein merkwürdig verschlungenes Verhältnis. In der sogenannten Rückversicherung wiederum versichern sich die Versicherer selbst gegen die eingegangenen Risiken: ein Riesenkomplex, an dessen prächtigen Toren der kleine, oft ratlose Versicherte so gut wie ganz alleine steht.

Im vorliegenden Band macht der Autor den verwirrenden Komplex auf leicht faßliche, ja, sogar auf spannende Art durchschaubar und verschafft dem Leser Einblick und Übersicht zu einem Thema, das uns tatsächlich alle betrifft und von dem der „Normalverbraucher“ zumeist viel zuwenig weiß. Und nicht nur der!

Wolf In der Maur

Warum denn überhaupt Versicherung?

Versicherungen betreiben Milliardengeschäfte mit einer unsichtbaren Ware. Daher sind Versicherungen, wie keine andere Wirtschaftssparte sonst, auf das Vertrauen ihrer Kunden angewiesen. Damit dieses Vertrauen nicht völlig blind ist, schreibt der Staat den Versicherungen bestimmte Verhaltensregeln, die Bildung von ausreichenden Geldreserven und die krisensichere Veranlagung dieser Beträge vor. Trotz verlockender Werbesprüche der Versicherungen ist nicht jedes Risiko im menschlichen Leben voll abgedeckt. Darum sollte sich jeder in bestimmten Zeitabständen genau überlegen, welche Risiken er versichern läßt und welche er selbst tragen möchte.

Im Jahr 1988 haben alle Versicherungen der Erde zusammen ziemlich genau 1171 Milliarden US-Dollar an Prämienzahlungen kassiert; das bedeutete gegenüber dem Jahr davor eine Zunahme um 8,6 Prozent. Mit diesem unvorstellbar hohen Betrag an Versicherungseinnahmen weltweit von umgerechnet 12,5 Billionen österreichischen Schilling hätte man damals bequem sämtliche Auslandsschulden aller Entwicklungsländer prompt tilgen oder 25mal das Jahresbudget der Republik Österreich finanzieren oder auch an die 13 000 Stück Langstrecken-Airbusse der AUA bzw. 6 500 Stück der modernsten Jumbojets vom Typ „Boeing 747-400“ kaufen können.

Die Versicherungen der Erde betreiben somit ein vielfaches Billionengeschäft: sie amtieren zumeist in sehr repräsentativen Büropalästen, sie kommandieren ein Heer von Vertretern, die ihnen das Geschäft zutreiben; viele Staaten stehen bei den Versicherungen tief in der Kreide. Die Gegenleistung, die die Versicherungen ihren Kunden anbieten, ist nicht angreifbar, auch nicht sichtbar, sie steht bloß auf dem Papier des meist überaus umfangreichen und komplizierten Versicherungsvertrags, der Polizze.

„Versichern ist Vertrauenssache", lautet ein gängiger Werbespruch. Damit ist das, was Versicherungen tun, tatsächlich gut charakterisiert: Wer sich gegen einen bestimmten Schaden, einen möglichen Verlust versichern läßt, vertraut darauf, daß er dann, wenn der vertraglich festgelegte Schaden oder Verlust wirklich eintritt, von seiner Versicherung materiell dafür entschädigt wird.

Versicherungen sind also eine Branche mit vielen extravaganten Eigenheiten, wie sie in der übrigen Wirtschaft unbekannt sind: Wer etwa einen Fernsehapparat oder ein Auto gekauft und auch bezahlt hat, kann sich sorgenfrei über seinen Erwerb freuen und muß keinen Gedanken an das künftige Wohlergehen des Händlers verschwenden. Nicht so bei einem Versicherungsabschluß; dort hängt der Wert der eingekauften Leistung sehr wohl vom weiteren Schicksal des Versicherungsunternehmens ab.

Das Versicherungsgeschäft läuft nämlich nach völlig anderen Grundsätzen ab als jedes andere übliche Geschäft, wo man stets für sein hart erarbeitetes Geld eine angreifbare Ware oder eine sofort prüfbare Leistung als Gegenwert erhält.

Das heißt: In dem Augenblick, in dem man eine Versicherung abschließt, kann man keine Probe aufs Exempel machen, wie gut, wie verläßlich die versprochene Leistung später wirklich sein wird; man weiß bei Versicherungsabschluß auch zumeist nicht, ob und – wenn ja – wann und in welchem Umfang einem ein Schaden oder ein Verlust treffen wird. Man kann nur hoffen, daß dann, wenn der Schadenfall eintritt, die Versicherung wirtschaftlich in der Lage sein wird, die ausbedungene Leistung jederzeit ungekürzt zu erbringen. Das kann sie nur dann, wenn sie über ausreichende Geldreserven – den sogenannten „Deckungsstock“ (bei den Personenversicherungen) bzw. „Bedeckung der technischen Verbindlichkeiten“ (bei der Sachversicherung) – verfügt, um den Schaden oder Verlust materiell abdecken zu können.

So manche Versicherung ist bereits daran zugrunde gegangen, daß bei unvorhergesehener Häufung von Schadenfällen ihre Reserven nicht gereicht haben, so daß die Versicherten leer ausgingen. Einige spektakuläre Pleiten von Versicherungen (etwa der Fall der in Wien ansässig gewesenen rein österreichischen Lebensversicherungsgesellschaft „Phönix“ im Jahr 1936, die ihre in Frankreich und Belgien veranlagten Reserven angesichts der damals gültigen Kapitaltransfersperren nicht nach Österreich zurücküberwiesen bekam, wodurch mehr als 100000 Versicherungskunden um ihre Ansprüche kamen) haben dazu geführt, daß der Staat, der die Versicherungen beaufsichtigt, streng darauf achtet, daß immer genügend hohe und rechtzeitig auflösbare Reserven im Inland vorhanden sind, um auch in schlechten Zeiten die Ansprüche der Versicherungskunden befriedigen zu können. Überdies verlangt das Gesetz von den Direktversicherern eine breite Streuung ihrer Rückversicherung.

Das Versicherungsprinzip

Der Grundsatz aller Versicherungen ist die „Risikogemeinschaft". Das sogenannte Versicherungsprinzip beruht auf dem Zusammenschluß einer größeren Zahl von Versicherungsnehmern zu einer Gefahren- oder Risikogemeinschaft mit dem Ziel, gemeinsam gegen noch ungewisse künftige Schäden vorzubeugen. Das bedeutet, daß alle, die sich gegen einen bestimmten Schadenfall haben versichern lassen, im selben Boot sitzen: Alle Mitglieder der Gemeinschaft zahlen einen vorher festgelegten Preis, die Versicherungsprämie; die Versicherung sammelt alle Prämien zu einem Kapitalstock an; aus diesem werden alle jene, die tatsächlich einen Schaden der versicherten Art erleiden, materiell entschädigt.

Dieses Urprinzip der Versicherung ist sogar in

unserer modernen Welt noch gelegentlich in Reinkultur anzutreffen: vor allem im ländlichen Bereich, wo es noch immer organisierte Gefahrengemeinschaften gibt, etwa Feuerkassen für eine ganz bestimmte Gegend oder Hagelversicherungen für eine bestimmte Bauerngruppe (etwa Weinhauer) und ein bestimmtes Erntejahr. Kommt es dabei jedoch einmal zu einem katastrophalen Großschaden, ist die finanzielle Leistungskraft dieser zumeist winzigen, geschlossenen Risikogemeinschaften rasch erschöpft, und der Schadenersatz bleibt weit hinter den Erwartungen zurück.

Bei der Vertragsversicherung unserer Tage ist das uralte Versicherungsprinzip wesentlich ausgefeilter: Die Zahl der Versicherten ist nach oben hin unbegrenzt; dadurch wird die Gefahrengemeinschaft umfangreicher, der Wert des aufgebrachten Kapitalstocks wesentlich höher; damit wächst die Fähigkeit der Versicherungen, auch mehrere große Schäden innerhalb eines beschränkten Zeitraums voll abzudecken.

Der Vertrag, der zwischen dem Versicherer (Versicherungsunternehmen) und dem Versicherten (Kunden) geschlossen wird, enthält einen Rechtsanspruch des letzteren auf Schadensleistung in der zwischen beiden vereinbarten Höhe; das verpflichtet den Versicherer, dafür zu sorgen, daß die von den Versicherten eingezahlten Prämien in Summe dazu ausreichen, alle anfallenden Schäden materiell abzudecken; allerdings hat der Versicherer auch einen Rechtsanspruch auf pünktliche Zahlung der Prämie; gerät der Versicherte also mit seiner Prämienzahlung in Rückstand, ist der Versicherer von der Schadensleistung befreit.

Es lohnt sich also, seine Versicherungsprämien immer pünktlich zum fälligen Termin zu zahlen; ist man schon langjähriger Versicherungskunde, dann drückt die Versicherung gelegentlich ein Auge zu, wenn man mit seiner Prämie einige wenige Tage in Rückstand kommt; hat man jedoch einen brandneuen Versicherungsvertrag abgeschlossen, dann gibt es von seiten der Versicherung keinerlei Toleranz und im Fall eines Schadens keinen Groschen Ersatz!

Was man versichern kann und was nicht

Immer wieder geistern Meldungen durch die Medien, eine berühmte Tänzerin habe ihre attraktiven Beine, eine vollbusige Schauspielerin ihre Oberweite, ein gefeierter Tenor seine weltberühmte Stimme hoch versichern lassen; auch Regenversicherungen für sonst sonnige Urlaubsorte werden heute angeboten.

Derart ausgefallene Versicherungen können in Österreich nicht abgeschlossen werden (Schlechtwetterversicherungen gibt es hier nur für Veranstalter, nicht aber für private Einzelpersonen). Spezialist für exotische Versicherungsverträge ist das bekannte Londoner Wett- und Versicherungsunternehmen „Lloyd's", das im 18. Jahrhundert aus dem am 3. November 1686 gegründeten Kaffeehaus und Wettbüro des Edward Lloyd entstanden ist. (Neben Lloyd's of London gibt es heute nur noch in Hamburg und in Rotterdam „Versicherungsbörsen"; diese erinnern daran, daß die geschäftsmäßige Übernahme von Abgeltungen für drohende Gefahren ursprünglich durch finanzstarke Einzelkaufleute vorgenommen worden war.)

Doch auch in Österreich gibt es unkonventionelle Versicherungen: Manche tierliebende Zeitgenossen lassen ihre zwei- oder vierbeinigen Gefährten hoch gegen allerlei Krankheiten versichern, Sammler ihre Gemäldegalerie oder eine rare Briefmarkensammlung gegen Feuer und Diebstahl; Eltern schließen Tochterausstattungsversicherungen ab, die ihren weiblichen Nachkommen bei deren Verehelichung die Anschaffung einer aufwendigen Brautausstattung erleichtert, oder „Studiengeldversicherungen", die ihren Kindern später den Besuch einer hohen Schule gestatten. Verglichen mit solch erlesenen Spezialitäten der Assekuranz muten simple Er- und Ablebensversicherungen, Kraftfahrzeughaftpflicht-, Feuer-, Haushalt-, Einbruch-Diebstahl-, Transport- oder Krankenversicherungen keineswegs als etwas Besonderes an. Letztere sind allerdings das tägliche Brot und die eigentlichen Umsatzträger sowie zumeist die unverzichtbaren Cash-Cows (Gewinnquellen) der Versicherungen.

Neuzeitliche Versicherungssparten, die dem aktuellen Bedürfnis der modernen Wirtschaft entsprechen, sind etwa die Wiener U-Bahn-Versicherung (eine Spezialform der Haftpflichtversicherung, die böse Folgen des unterirdischen Tunnelbaus in der Bundeshauptstadt für darüberliegende Objekte abdeckt) oder die Produkthaftpflichtversicherung (die in Österreich mit Gültigwerden des nach gesamteuropäischem Vorbild gestalteten Produkthaftungsgesetzes Mitte 1988 aktuell wurde und die Folgeschäden aus der Verwendung eines fehlerhaften Produkts durch den Letztverbraucher abdeckt) und auch die Atomhaftpflichtversicherung (die in Österreich seit 1964 die möglichen Gefahren bei der Sammlung und beim Transport von nuklearem Abfall deckt und damit trotz des Atomverbotsgesetzes von Mitte Dezember 1978 aktuelle Bedeutung für die wissenschaftlichen Versuchsreaktoren in Österreich hat). Ziemlich neu ist die Surfversicherung für die rasch wachsende Anhängerschaft dieser modernen Wassersportart, ebenso neu auch die Pflege- und Pflegekostenversicherung.

Eine besonders aktuelle Sparte wird derzeit in Österreich vorbereitet: die allgemeine Umwelthaftpflichtversicherung, die gemeinsam mit der künftigen Umweltgesetzgebung realisiert werden soll. Doch trotz eines zunehmend enger geknüpften Versicherungsnetzes und immer neuer Spielarten an Versicherungsangeboten sind bei weitem nicht alle Risiken des Menschen, seines Besitzes sowie die Gefahren, die der Wirtschaft drohen, versicherbar. Es bleibt immer ein Restrisiko zurück, das nicht versichert werden kann.

Schäden an Sachen lassen sich in der Regel mit

materiellem Aufwand beseitigen; man kann zum Beispiel sein beschädigtes Auto reparieren lassen oder sich bei einem Totalschaden ein neues kaufen. Der ideelle (geistige) Wert einer beschädigten oder zerstörten Sache – die etwa ein Andenken an einen lieben Menschen gewesen ist – wird durch die Versicherung dagegen nicht ersetzt. Auch ein persönlicher Schaden an Leib und Leben läßt sich meist nicht „reparieren" und damit finanziell abgelten. Zwar kann man Unfallfolgen oder Krankheiten im Spital auskurieren und bekommt die dabei auflaufenden Kosten von der Versicherung ersetzt; für durchgestandene Schmerzen kann die Versicherung aber lediglich Abfindungen anbieten, für den Verlust von Gliedern, für Dauerfolgen nach Unfällen werden Geldsummen gewährt, die den Verdienstentgang oder höhere Lebenshaltungskosten abdecken; den Tod – etwa des Familienalleinerhalters – kann auch die teuerste Lebensversicherung nicht verhindern, sondern nur den Hinterbliebenen eine materiell abgesicherte Zukunft gewähren.

Das angekratzte Image der Versicherungen

Das Wort „versichern" besteht aus dem Tätigkeitswort „sichern" und der Vorsilbe „ver-". So sympathisch auch der Stammbegriff „sichern" klingt – jeder Mensch hat ja das Ziel, sein Leben, seine Gesundheit, sein Hab und Gut, seinen Lebensbereich, seine Familie, seine Umwelt gegen Beeinträchtigung, Gefahren, Verluste zu sichern –, so unsympathisch, ja geradezu negativ wirkt der Wortanfang „ver-". Denn diese Silbe kündigt zumeist Abträgliches an: „ver-lieren", „ver-sagen", „ver-gessen", „ver-leumden" usw. haben abwertende Bedeutung.

Kein Wunder, daß heutzutage, wo jeder um sein gutes Image besorgt ist, wo jährlich Milliardenbeträge dafür ausgegeben werden, damit Personen, Waren, Leistungen, Unternehmen im öffentlichen Leben möglichst verlockend, charmant, einladend und gewinnend wirken, auch die Versicherungen bemüht sind, ihr angeschlagenes Erscheinungsbild aufzupolieren. Statt „Ver"-sicherungen treten zunehmend etwa „Fair"-sicherungen oder „Mehr"-sicherungen im Konkurrenzkampf um neue Kunden, Märkte und Umsätze an.

Immer mehr benutzen die imagegeschädigten Versicherungen die mit gutem Image ausgestatteten Banken als zusätzlichen Marktzugang und damit als erweiterte Vertriebsorganisation. Dkfm. Siegfried *Sellitsch*, Generaldirektor der Wiener Städtischen Versicherung, räumt den Banken einen eindeutigen Vorteil im strategischen Kampf um den Kunden ein und empfiehlt den Versicherungen, durch Zusammenarbeit und Fusionen mit den Banken deren Nähe zum Kunden zu nutzen. Mitte November 1990 sagte *Sellitsch* zu den Entwicklungsperspektiven der Finanzdienstleistungen: „Die Vernetzung der Vertriebswege von

Banken und Versicherungen ist eine nützliche Strategie zum Überleben. So unterschiedlich die Versicherungswelt und die Bankenwelt auch sein mögen, nur gemeinsam können der ‚hunter' Versicherer und der ‚farmer' Bank die Herausforderungen von Kunden, Investitionsaufgaben und neuen Technologien meistern." Der Abschluß von herkömmlichen Versicherungen - nicht nur von Lebensversicherungen als Geldanlage wie bisher – am Schalter eines Geldinstituts dürfte in naher Zukunft allgemeiner Brauch werden.

Bereits Mitte 1988 hatte eine Untersuchung des Gallup-Instituts bei 2000 Österreichern über das Image der Versicherungen eine Verschlechterung des Ansehens gegenüber einer ähnlichen Erhebung 1984 erkennen lassen; die Studie ergab, daß Banken als wesentlich korrekter, sympathischer, notwendiger, entgegenkommender, seriöser und einflußreicher in Wirtschaft und Öffentlichkeit betrachtet werden als Versicherungen. Bei den Eigenschaften „umständlich", „höherer Profit", „reformbedürftig" und „werbeintensiv" führten dagegen die Versicherungen vor den Banken. Besonders kritisch wird der hohe Personal- und Verwaltungsaufwand der Versicherungen beurteilt; auch das Ansehen der Versicherungsvertreter hat stark gelitten, sie werden als „profitorientiert" und „aufdringlich" gesehen, während ihre Beraterfunktion im Ernstfall eher bezweifelt wird. Alles in allem meinten 1988 vier Fünftel der Befragten, daß Versicherungen eher ein notwendiges Übel und im Grunde nicht sehr sympathisch seien

(1984 hatten das erst 75 Prozent gemeint), während nur 9 Prozent der Befragten sie zu den sympathischen Firmen zählen (1984 noch 12).

Zum langsam, aber deutlich schlechter werdenden Image der Versicherungen und ihrer Exponenten trägt gewiß auch bei, daß ihre Denk- und Arbeitsweise weithin unbekannt, da eher kompliziert ist, daß ihre Geschäftsbedingungen, im holprigen Juristendeutsch abgefaßt, für Laien wenig verständlich sind und daß Versicherungen weniger dynamisch und innovativ wirken als die meisten anderen Wirtschaftszweige.

Schwierige Innovation bei Versicherungen

Versicherungen sind grundsätzlich ein Sicherheitspolster für jeden Einzelmenschen, aber auch für große Unternehmen und potente Organisationen - eine Art „Fangnetz“ bei schweren Schicksalsschlägen, eine Überlebenshilfe für den Ernstfall selbst für Wohlhabende.

Je weniger jemand besitzt, um so geringer ist auch sein Bedarf, sich gegen mögliche Schäden abzusichern. Wer nichts hat, braucht keine Verluste zu fürchten. Je höher aber das Einkommen steigt, je mehr die persönlichen Chancen klettern, je umfangreicher der Besitz wird, um so größer wird das Bedürfnis, sich gegen die Risiken des Lebens zu schützen und sich in finanzieller Hinsicht abzusichern. Je mehr der allgemeine Wohlstand wächst, je mobiler die Menschheit wird, je dynamischer die Wirtschaft funktioniert und je weiter sie ihre Aktionskreise spannt, um so höher klettern die Geschäftschancen der Versicherungen. Mit dem Wirtschaftswachstum, mit florierendem Einkommen und steigendem Besitz nimmt automatisch der Bedarf an Versicherungsschutz zu. Die Versicherungen zählen daher gegenwärtig zu den eindeutigen Wachstumssparten in unserer Wirtschaft.

Anders als in der übrigen Wirtschaft ist es jedoch mit den Neuerungen im Versicherungswesen bestellt. Während die Lebenszeit der meisten Waren und Dienstleistungen heute recht kurz geworden ist - weil jedes moderne Unternehmen seinen Ehrgeiz darein setzt, den Mitbewerbern technisch, preislich und leistungsmäßig immer um eine Nasenlänge voraus zu sein -, ist die Innovationsdynamik der Versicherungen eher mäßig. Sie warten zumeist, bis frische gesetzliche Regelungen neue materielle Risiken bringen und damit in der Öffentlichkeit einen neuen Versicherungsbedarf schaffen oder bis eingetretene Großschäden deutlich aufzeigen, daß eine reale Gefahr bislang unterschätzt worden ist.

Das ist derzeit etwa bei der schon erwähnten Umwelthaftpflichtversicherung der Fall; die heimischen Versicherungen warten vorerst ab, wie der Gesetzgeber den Umweltschutz konkret in den Griff zu bekommen trachtet, und erst wenn dies geschehen ist, wird ein neues Versicherungsangebot erstellt. Versicherungen sind es also kaum gewohnt, aus eigener Initiative völlig neue Produkte zu entwickeln und auszuprobieren, ob sie vom Markt angenommen werden. Dazu kommt, daß viele scheinbar neue Versicherungsarten nur ein veränderter Abklatsch, eine Neugruppierung oder eine Kombination (Bündelung) von längst bekannten Standardversicherungen sind.

Innovationsbremsend bei Versicherungen wirkt auch der Umstand, daß die seriöse Risikoabwägung - aufgrund der eine kostendeckende Prämie kalkuliert wird - nur nach langjähriger Beobachtung des Schadenverlaufs in einem bestimmten Gefahrenbereich vorgenommen werden kann. Die Gretchenfragen jedes neuen Versicherungsangebots lauten: Wie definiere ich das spezielle Risiko? Mit welchem Grad an Wahrscheinlichkeit wird es eintreten? Erst wenn das klargestellt ist, kann der Preis für den Versicherungsschutz errechnet werden.

Das bedeutet: Keine andere Branche ist so stark von den Erfahrungen der Vergangenheit, von historischen Lehren abhängig wie die Versicherungsbranche. Die Kenntnis der Versicherungsgeschichte ist also zur Beurteilung der modernen Versicherungswirtschaft unerläßlich.

Wie alles angefangen hat

Versicherungen sind eine uralte Sache. Ihre Anfänge reichen bis vor Christi Geburt zurück. Selbst die moderne Assekuranz hat lange Tradition: Seit etwa 650 Jahren übernehmen organisierte Versicherungsunternehmen die wichtigsten Risiken des menschlichen Lebens und decken jene Gefahren ab, die dem Eigentum drohen.

Das Bedürfnis der Menschen, sich gegen die zahlreichen Unbillen des Lebens rechtzeitig und wirksam abzusichern, hat sich erstaunlich früh entwickelt. Bereits im Altertum hat es überlegte Einrichtungen gegeben, die dem Grundsatz der Abwehr gemeinsamer Elementargefahren entsprachen: Das berühmte Gesetzbuch des umsichtigen babylonischen Königs *Hammurabi* (etwa 1728–1686 v. Chr.) enthielt schon Bestimmungen über gemeinsame Risikotragung durch die Reisenden bei Überfällen auf Karawanen im Zweistromland.

Die Versicherungsgeschichte zeigt also bereits an ihrem Beginn den Grundsatz, dem unwägbaren Risiko des einzelnen mit seiner beschränkten Leistungskraft den starken Schutz einer Gefahrengemeinschaft gleichartig Bedrohter gegenüberzustellen, womit das Prinzip der menschlichen Solidarität realisiert ist. Dieses findet sich später wieder in den Vorsorgeeinrichtungen der naturalwirtschaftlichen Markgenossenschaften und in den Zusammenschlüssen der frühmittelalterlichen Bauerngilden, der Handwerkerzünfte und Bruderladen der hoch- und spätmittelalterlichen städtischen Gesellschaften bis hin zu den Versicherungsvereinen auf Wechselseitigkeit, den eher spekulativen Wett- und Versicherungsbörsen (Lloyd's of London) des Wirtschaftsliberalismus und schließlich zu den öffentlich-rechtlichen Sozialversicherungen der entwickelten Industriegesellschaft.

Sachlich begann die Versicherung auf dem Gebiet der Reise- und Transportwirtschaft. Die Wurzeln der heutigen Versicherungswirklichkeit sind in den frühen Seehandelskompanien zu finden – von den alten Phöniziern und Griechen mit ihrer versicherungsähnlichen „Zinsleihe" und der aus ihr entwickelten Seedarlehensspekulation über die Neubelebung des Mittelmeerhandels im Hochmittelalter bis zum weltumspannenden Seehandel zuerst in den italienischen Stadtrepubliken, dann in Spanien und in den Niederlanden, später in Deutschland (Hanse) und Großbritannien, das sich nach dem Sieg über die Spanische Armada *Philipps II.* im Jahr 1588 anschickte, zur führenden Handels- und Industriemacht der Erde zu werden. Welthandel und Versicherungswirtschaft stiegen so Hand in Hand auf.

Der allererste Versicherungsvertrag

Die erste Versicherungsurkunde stammt aus Genua aus dem Jahr 1347 und sicherte ein Seetransportrisiko ab. Echte Versicherungspolizzen im heutigen Sinn kamen erst gegen Ende des 14. Jahrhunderts auf. Diese alten Versicherungsverträge trugen schon alle wichtigen Elemente der Gegenwart in sich: das zeitliche Auseinanderklaffen von Leistung des Versicherungsnehmers (Prämie) und Gegenleistung des Versicherers (Schadenersatz), das Versprechen einer künftigen Zahlung, die Übertragung der Gefahr von einem Teil auf einen anderen – anstelle der gemeinsamen Gefahrtragung in der bäuerlichen Markgenossenschaft – die Ausrichtung auf einen erwerbsmäßigen Vorteil des Versicherers als Motiv der unternehmerischen Betätigung und damit auch die Hoffnung auf ein Ausbleiben des versicherten Ereignisses beim Risikoträger.

Aus den italienischen Stadtstaaten Florenz, Pisa und Genua stammen die meisten erhaltenen frühesten Versicherungspolizzen und markieren den Entwicklungsweg vom früheren Seedarlehen zur Seetransportversicherung; genuesische Kaufleute versicherten schon 1376 ihre nach belgischen Häfen bestimmten Sendungen, aber auch gemischte See-Land-Transporte wurden zu jener Zeit bereits versicherungsmäßig gedeckt.

Die Seeversicherung kam von Italien nach Spanien und Portugal, wo sie auch die wagemutigen Entdeckungsfahrten des Christoph *Kolumbus*, dann das große Sklavengeschäft mit Europa und – nach dem Verbot der Sklavenhaltung durch Spanien – in Richtung Amerika sicherte. Die Spanier brachten das Versicherungswesen in ihre holländischen Provinzen. Im

Niederländisch-Spanischen Krieg gingen viele holländische Versicherer nach Hamburg, und aus dem Jahr 1588 stammt die erste bekannte deutsche Versicherungspolizze über die Verschiffung von Waren von Hamburg nach Lissabon. Sie wurde zum Anlaß eines jahrzehntelang geführten Rechtsstreits, als die versicherten Waren von englischen Freibeutern gekapert wurden und die Versicherer behaupteten, der Versicherungsnehmer habe schon bei Vertragsabschluß Kenntnis vom geplanten Raubzug gehabt. Der Versicherungsbetrug scheint damit eine gut 400 Jahre alte Tradition zu haben.

Hamburg ist auch der Geburtsort der modernen Feuerversicherung: Die Hansestadt wurde 1676 von zwei riesigen Feuerkatastrophen heimgesucht, die die bisherige Versicherung durch genossenschaftliche Feuerkontrakte als untauglich erkennen ließen. 101 Hamburger Grundeigentümer waren als Gruppe in der Annahme vereint gewesen, daß bei Abbrennen eines Gebäudes die übrigen lediglich je ein Prozent als Entschädigung aufzubringen hätten. Diese einfache Rechnung ging bei den verheerenden Flächenbränden nicht auf, so daß man eine „General-Feur-Cassa" schuf, deren Nachfolgerin noch heute existiert.

Ebenfalls 1676 begleitete der Hamburger Kapitän *Karpfanger* mit seinem Konvoischiff „Kaiser Leopold I." mehr als 30 hanseatische Schiffe in Richtung Spanien und verjagte dort die gefährlichen Seeräuber. Die Konvoitechnik in der Schifffahrt machte den Versicherungsschutz für die begleitenden Schiffe zwar nicht überflüssig, ermäßigte aber die Prämie auf etwa ein Viertel; für den Fall, daß Mitglieder der Schiffsbesatzung oder gar Passagiere von den Freibeutern gefangen werden sollten, war eine „Assekuranz für Türcken-Gefahr und auf der Menschen Leben“ – eine gemischte Form der Loskaufs- und Risikolebensversicherung – abgeschlossen worden.

Die Seefahrt, der Überseehandel waren Jahrtausende hindurch der wichtigste Gefahrenquell der Menschheit und daher eine der Hauptwurzeln der Versicherungswirtschaft. Die andere Wurzel waren alle Arten elementarer Naturgewalten, die ständig das ortsfeste bürgerliche Eigentum bedrohten.

Römisches gegen germanisches Recht

Der Schutz des einzelnen durch ein Kollektiv ist seit jeher das Prinzip der Versicherung. Doch *wie* dieser Schutz organisiert wird, ist gebietsweise sehr unterschiedlich; am deutlichsten ist das in der Differenz zwischen dem individualistischen, rein aufs Verschulden aufgebauten, risikobereiteren römischen Recht und dem streng genossenschaftlich bloß auf das Verursacherprinzip aufgebauten germanischen Recht ausgeprägt. Noch heute ist ein überaus unterschiedliches Risikoempfinden und damit eine deutliche Tarif- und Konditionen-Differenz in der Haftpflichtversicherung zwischen Ländern mit romanischer und mit germanischer

Rechtstradition festzustellen. In Frankreich gibt es etwa die allumfassende Gewährleistungsversicherung für Bauten („Decenniere“), die in Österreich oder Deutschland völlig unbekannt ist. Dieses stark unterschiedliche Versicherungsdenken in bezug auf die Haftpflicht könnte eine gefährliche Explosivkraft im EG-Binnenmarkt sein, der ja auch die römische Rechtstradition (in Italien, Frankreich, Spanien) mit der germanischen (in Deutschland oder England) in harmonische Übereinstimmung bringen sollte.

Trotz aller differenter Rechtsauffassungen gibt es im Versicherungsbedarf des Menschen drei Arten:

- den Grundschutz des einzelnen bei Krankheit, Unfall, Invalidität, Alter oder Arbeitslosigkeit;
- den individuellen Selbstschutz, angepaßt an das Anspruchsniveau und die Vermögenslage der Person;
- den Schutz des privaten Eigentums.

Diese wurden im Lauf der Zeit durch verschiedene Systeme geboten und sind als die Urquellen der heutigen Versicherungsrealität zu betrachten.

Der Grundschutz wurde bereits in der Antike vom jeweiligen Grundherrn für seine Untertanen gewährleistet, ausgeprägt etwa im römischen Klientelwesen: Der Grundherr war sowohl Eigentümer der Ländereien als auch Richter und Schützer seiner Untergebenen in einer Person; auch hier kam das Prinzip des Aufeinander-Angewiesen-Seins einer geschlossenen Risikogemeinschaft zum Ausdruck. Mit dem Untergang der Feudalherrschaft ging auch diese Urform des

Grundschutzes zu Ende, so daß neue Systeme entwickelt werden mußten. Aber noch heute gilt in der Vertragsversicherung das uralte Prinzip: Der Versicherte ist von seiner Beitragspflicht entbunden, wenn der Versicherer den zugesagten Schutz nicht mehr voll gewährleisten kann.

Mit der Befreiung der Bauern kamen ab der ersten Hälfte des 17. Jahrhunderts die lokalen Bauernassekuranzen auf, die zur Hilfeleistung in Notsituationen aufgerufen waren, sich später zur frühesten Form der Feuer- und Hagelversicherung entwickelten und im 19. Jahrhundert einen erbitterten Konkurrenzkampf mit den aufkommenden Landesbrandschadenversicherungen führten.

Mit der Herausbildung von größeren Ansiedlungen ist der Grundschutz der neuen Städter vom Grundherrn an die Zünfte und Bruderschaften übergegangen, die allerdings nur eng begrenzte, geschlossene Sozietäten mit Versicherungscharakter bildeten; deren engherzigen, zünftlerisch-rigorosen Aufnahmebestimmungen fiel etwa auch W. A. *Mozart* zum Opfer, der mehrfach um Aufnahme in die Wiener Tonkünstler-Sozietät bat – jedoch vergebens, weil er keinen Taufschein beibringen konnte.

Die überkommenen Zunft- und Feudalsysteme zum Grundschutz der Menschen brachen im Gefolge des Liberalismus des 19. Jahrhunderts und der Entstehung und wachsende Dominanz des vierten Standes, jenem der Arbeiter, als Ergebnis der Industrialisierungswellen zusammen. Das ist ein weiterer Beleg dafür, daß Versicherungssysteme nie aus reiner Theorie oder bloßem Idealismus, sondern lediglich aus der praktischen Veränderung des jeweiligen Schutzbedürfnisses geboren werden.

Auf dem Weg zur modernen Versicherung

Je größer und wertvoller die Seefrachten, je dichter die Handelsverbindungen wurden, um so mehr trat die wechselseitig risikotragende Gemeinschaft von Einzelkaufleuten, die das nötige Kapital hergaben und selbst die Geschäfte der Versicherungsgruppe führten, zurück. Dafür traten die im operativen Handelsgeschäft nicht aktiven Gesellschaften in den Vordergrund; es begann die Ära der Versicherungs-Kapitalgesellschaften. Auch heute stehen einander die nicht auf Gewinn gerichteten Versicherungsvereine auf Gegenseitigkeit (VVaG) und die auf Gewinn gerichteten Versicherungs-Aktiengesellschaften gegenüber.

Die erste Versicherungs AG entstand 1686 in Paris, als eine von 60 vermögenden Einzelversicherern gegründete Versicherungskammer in eine Vereinigung auf Aktiengrundlage umgewandelt wurde. In London wurden 1706 und 1714 die ersten Feuerversicherungen als Aktiengesellschaften gegründet, 1720 die erste Seeversicherungs AG. In Deutschland kam es 1765 in Hamburg zur ersten Versicherungs AG für das See- und Feuerrisiko.

Die erste amerikanische Lebensversicherung wurde 1759 in Philadelphia gegründet und geht auf die in London 1756 gegründete „Equitable" zurück. Der amerikanische Schriftsteller und Politiker Benjamin *Franklin*, der lange Botschafter in Europa und Vermittler zwischen Amerika und dessen Mutterland England gewesen war, preist zu dieser Zeit die Lebensversicherung als billigste und verläßlichste Art, für die Familie zu sorgen. *Franklin* war befreundet mit Adam *Smith*, der 1776 in seinem berühmten Werk über den Wohlstand der Nationen vom Risikogedanken ausgehend den Nutzen der verschiedenen Versicherungszweige analysierte. Der folgende amerikanische Unabhängigkeitskrieg belebte das hamburgische Assekuranzgeschäft, weil die deutschen Reedereien unter neutraler Flagge segelten, doch an die 30000 deutsche Söldner, die von der britischen Regierung angeworben worden waren, nach Amerika beförderten.

Auf österreichischem Territorium wurde 1710 der noch heute bestehende kleine „Wechselseitige Brandschadenversicherungsverein Kremsmünster" gegründet. Von 1740 an wollte Kaiserin *Maria Theresia* angesichts häufiger Brandkatastrophen, welchen die lokalen Bauernassekuranzen nicht mehr gewachsen waren, in Böhmen, Mähren, Niederösterreich und Steiermark potente Versicherungsanstalten einführen, scheiterte aber am Widerspruch des Adels; dieser sah in seiner Beitragsverpflichtung zu diesen geplanten frühen Kompositversicherungen eine verkappte Steuer.

Durchschlagskräftiger war der bayerische König *Max*, der 1811 für sein Land und auch für die an ihn gefallenen österreichischen Kronländer Tirol und Vorarlberg sowie für Salzburg, das Inn- und Teile des Hausruckviertels die Errichtung einer allgemeinen Reichs-Versicherungs-Anstalt anordnete, der alle Hausbesitzer beizutreten hatten. Als die österreichischen Gebiete nach dem Wiener Kongreß 1816 wieder an die österreichische Monarchie zurückfielen, legte Kaiser *Franz II. (I.)* in seiner „allerhöchsten Entschließung" von 1819 fest, daß die Feuerversicherungsanstalten nach den Prinzipien von Privatunternehmen aufgebaut werden sollten. Das war der Anfang der freien Vertragsversicherung in Österreich, die sich anschließend auf das gesamte Gebiet der Monarchie ausdehnte.

Später erkannte man aber, daß das Motto des Liberalismus, „hilf dir selbst, dann hilft dir Gott", nicht für die neue Klasse des industriellen Proletariats galt, die um 1870 schon ein gutes Drittel der städtischen Bevölkerung ausmachte. Das daraufhin entwickelte christlichsoziale Konzept, etwa in der päpstlichen Enzyklika „Rerum novarum" – Grundschutz des einzelnen durch ständische Hilfseinrichtungen – mußte angesichts der anhaltenden stürmischen Industrialisierung versagen.

Das führte schließlich zur Motivation der Sozialdemokratie, einen möglichst allumfassenden Sozialstaat mit verbindlicher Pflichtversicherung zu schaffen. Der 1873 in Gotha begründete „Verein für

Socialpolitik" hatte noch den genossenschaftlichen Gedanken einer Sozialversicherung unterstützt; der deutsche Reichskanzler Otto von *Bismarck* griff diesen mit der Absicht auf, der aufsteigenden sozialistischen Bewegung das Wasser abzugraben, unterstützte damit aber genau jenes Modell der staatlichen Sozialversicherung, das im 20. Jahrhundert auf die besitzenden Kreise, also auch auf Bauern und Unternehmer, ausgedehnt wurde.

Mehr Staat oder mehr privat?

Während Banken oder Industrieunternehmen schon immer auf rein privater Initiative basierten, war das im Versicherungswesen nicht selbstverständlich. Die frühen Versicherungsvereine und -anstalten waren durchwegs auf wechselseitiger Basis gegründet worden und bestanden stets dank behördlichen Zutuns. Kein Wunder, die ersten Personenversicherungen waren aus der Versorgungspflicht des Herrschers für die invalid gewordenen Soldaten seiner stehenden Heere – etwa Kaiser *Karls VI.* – an der Wende vom 17. zum 18. Jahrhundert entstanden; als Gegenleistung für erbrachte Kriegsdienste gewährte der absolutistische (alles beherrschende) Staat seinen berufsunfähig gewordenen, kranken, alten Dienern einen erträglichen Lebensabend. Aus dieser direkten Abhängigkeit von erbrachter Leistung – des

Untertanen – und späterer Gegenleistung – des Staates – entstand der spätere Rechtsanspruch auf staatliche Versorgung auch ohne jede Notlage des Betroffenen. Darauf beruht bei Lebens- oder Rentenversicherungen der enge Zusammenhang zwischen Versorgungsleistung und staatlicher Behörde. Als sich der Versicherungsbedarf immer kräftiger meldete, stand der Staat vor der Frage, ob er diesen Wirtschaftszweig ganz unter eigene Fittiche nehmen oder ihn den neuen privaten unternehmerischen Initiativen überlassen solle. *Franz I.* von Österreich entschied 1819 durch seine „Versicherungscharta" eindeutig zugunsten letzterer.

1852 wurde in Österreich die Errichtung und der Betrieb von Versicherungen durch das „Vereinspatent" an eine staatliche Bewilligung (Konzession) gebunden; viele Unternehmensgründungen waren dennoch kurzlebig, manche Versicherungen reine Schwindelgründungen. Selbst im Ansatz seriöse Versicherungen haben damals oft übersehen, daß der rasche Fortschritt der Medizin das menschliche Leben ständig verlängert, und kalkulierten daher ihre Prämien falsch; einige Versicherungen legten zuwenig Prämienreserven an und zahlten zu hohe Gewinnbeteiligungen aus. Der Kulminationspunkt dieser unerfreulichen Versicherungsperiode war der Börsenkrach 1873. Als Lerneffekt aus seinen Folgen wurde 1880 ein Versicherungsregulativ erlassen, das strenge Überwachungs- und Kontrollbestimmungen brachte, eine strikte Reservepolitik für Versicherungen einführte und als Geburtsstunde der heutigen österreichischen Versicherungsaufsicht gilt. Nach einer Ära von zuwenig Staat kam eine Zeitspanne der rigorosen Versicherungskontrolle.

Ein Staatseingriff war auch das deutsche Reichshaftpflichtgesetz, das im Juni 1871 die erste Gefährdungshaftung formulierte und Grundlage für die spätere Entwicklung der Haftpflichtversicherung geworden ist. Durch das Allgemeine Bürgerliche Gesetzbuch 1812, später durch Spezialgesetze - Österreichische Gewerbeordnung 1883, die erstmals die Haftpflicht von Unternehmern statuierte, sowie das Automobilhaftpflichtgesetz 1908, das die bis dahin „schwimmende" Grenze zwischen Unfall- und Haftpflichtversicherung aufhob - wurde der Ersatzanspruch an den schuldhaften Schädiger auf breiter Basis durchgesetzt und so ein neues Betätigungsfeld für Versicherungen geschaffen.

Versicherung in Österreich

Im Jahr 1729 hatten drei Handlungsdiener in Wien den Hilfsverein „Confraternität" gegründet, der 1745 amtlich registriert wurde und sogar die Billigung von Kaiserin *Maria Theresia* fand. Nach diesem Vorbild errichtete Joseph Benedict *Huber* 1798 in Graz das „Institut zur Unterstützung kranker, armer, dienstloser, Alters und Gebrechlichkeit wegen zum Dienen unfähig gewordener Handlungsdiener", die älteste, heute unter dem Namen „Merkur" weiterhin aktive Kranken- und Pensionsversicherung Österreichs. Mit dem „Pensionsnormale" Kaiser *Josephs II.* vom März 1781 für das Offizierskorps wurde das erste grundlegende Pensionsgesetz Österreichs geschaffen.

Als erste Versicherungs AG Österreichs wurde 1764 die „Compagnia d'Assicurazioni" zugelassen und begann 1766 ihre Geschäfte im Raum Triest. Diese italienische Hafenstadt, die 1382 unter dem Druck Venedigs freiwillig unter Habsburgerobhut getreten war, besaß seit 1719 ein Freihafenpatent Kaiser *Karls VI.*, das „die Gründung einer Bank oder einer Gesellschaft, die hinreichende Sicherheit bietet für ankommende und abreisende Schiffe sowie befristete Vorauszahlungen leistet für gelagerte oder zu importierende Waren" unterstützte. So wurde für das Habsburgerreich Triest die dominierende Versicherungshochburg. Bis 1900 waren dort 79 Assekuranzinstitute gegründet worden, darunter die „Banco Adriatico", die sich 1838 von der bloßen Seeversicherung auf die Feuer- und Transportversicherung sowie räumlich auf das gesamte Kaiserreich Österreich ausweitete und seit damals unter dem Namen „Riunione Adriatica di Sicurtà" (RAS) firmiert, die 1889 die „Interunfall" als ergänzenden Unfallversicherer dazubekam. In Triest wurde 1831 die „Assicurazioni Generali" gegründet, die 1882 die „Erste Allgemeine Versicherung" als österreichische Tochter für Unfall- und Schadenversicherung gründete; diese entsprach dem Ruf der Sozialreformer der zweiten Hälfte des 19. Jahrhunderts und dem Bedarf nach Arbeiter-Unfallversicherungen in der jungen Industriegesellschaft. 1889 trat in Österreich dann das Gesetz über die obligatorische Arbeiter-Unfallversicherung in Kraft; damit ersetzte die öffentliche Hand auf dem Gebiet des Grundschutzes teilweise die Privatversicherung.

Damals entstand auch die 3-Säulen-Theorie der Altersversorgung: 1. Sozialfürsorge durch ein staatliches System, 2. Vorsorge des Unternehmens für seine Mitarbeiter, 3. private Eigenvorsorge.

Bereits 1869 war die „Wiener Rück" als erste österreichische Rückversicherung gegründet worden, und 1877 brachten die schweizerischen Gesellschaften „Zürich" und „Winterthur" die Unfallversicherung nach Österreich.

Die Geschichte der Versicherungen ist eine Chronik der Weltwirtschaft, der Ausbreitung der Menschen auf der Erde, der Entwicklung von Technik, Verkehr und Wissenschaft. Versicherungen haben wie keine andere Branche ein hautenges Verhältnis zur Geschichte; denn ein Kernelement ihres Geschäfts – die Risikobeurteilung – beruht auf Erfahrungswerten, also auf Überliefertem und damit auf der Vergangenheit.

Privatversicherung heute

Was heute an Versicherungen existiert, geht samt und sonders auf die historischen Entwicklungen der letzten 650 Jahre zurück – auch das sich ergänzende Nebeneinander von öffentlicher Pflicht- (Sozial-) und privater Vertragsversicherung. Trotz unterschiedlicher Rahmenbedingungen haben sich beide Bereiche zu ansehnlichen Kolossen entwickelt, die das gesellschaftliche und wirtschaftliche Leben des modernen westlichen Industriestaates prägen. Zuerst die aktuelle Lage der privaten Vertragsversicherung in unserer Welt.

Die Prämieneinnahmen aller Versicherungen der Erde haben sich zwischen 1970 und 1988 von rund 110 auf 1 171 Milliarden US-Dollar erhöht, das ist eine Verzehnfachung innerhalb von nur 20 Jahren; allein im abgelaufenen Jahrzehnt hat sich das Gesamtgeschäft der Versicherungen verdreifacht und ist damit fast dreimal so schnell gewachsen als der gesamte Welthandel.

Wer sind die Senkrechtstarter der Weltassekuranz? Die größte Wachstumsdynamik zeigen die asiatischen Länder mit einem Prämienplus von mehr als 19 Prozent im Jahr sowie die Mitglieder der Europäischen Gemeinschaft (EG) mit einem Plus von mehr als 9 Prozent. Der mit Abstand größte Versicherungsmarkt der Erde, Nordamerika, bleibt mit einer nur 2prozentigen Zuwachsrate hinter der durchschnittlichen Steigerung zurück. Das wirkt sich auf die Marktanteile der Kontinente am Weltversicherungsgeschäft aus: Nordamerika führt noch mit einem Anteil von rund 39 Prozent, doch Europa mit etwa 30 und Asien mit knapp 28 Prozent holen in letzter Zeit stark auf. Weit abgeschlagen rangiert Ozeanien mit kaum 2 Prozent auf Rang vier, gefolgt von Afrika mit knapp über 1 sowie Zentral- und Südamerika mit deutlich unter 1 Prozent.

Auch beim Verhältnis zwischen Lebens- und Nicht-Leben-Versicherung (Unfall-, Kranken-, Sachversicherung) gibt es ständige Verschiebungen: Das weltweite Nicht-Leben-Geschäft mußte seit 1980 einen Anteilsverlust von 60 auf inzwischen nur noch knapp über 47 Prozent hinnehmen, wogegen sich die Lebensversicherung inzwischen auf fast 53 Prozent hinaufgearbeitet hat. Die weltweit wichtigsten Versicherungsländer wachsen nämlich bei der Lebensversicherung immer rascher – um gut 12 Prozent jährlich, nicht zuletzt dank gezielter staatlicher Förderungen –, während der Nicht-Leben-Bereich mit einem Plus von rund 4,5 Prozent nur ein Drittel so schnell zunimmt.

Versicherungsmäßig weltweit am schnellsten wachsen gegenwärtig Spanien mit einem Jahresplus von mehr als 33 Prozent, Taiwan mit gut 23 und Thailand mit gut 21 Prozent; auf dem vierten Platz rangieren Japan und Südkorea mit knapp unter 20 Prozent, gefolgt von Portugal mit etwa 16 Prozent jährlichem Versicherungswachstum. Symptomatisch dabei ist, daß sich unter den ersten zehn Wachstumsmärkten fünf EG-Mitgliedsländer und fünf asiatische Staaten befinden. Die hochentwickelten Versicherungsländer USA, Großbritannien, Italien und Deutschland zeigen nur noch geringe Zuwachsraten.

Wie nicht anders zu erwarten, konzentriert sich das Weltversicherungsgeschäft auf die westlichen Industriestaaten: 91 Prozent des Prämienaufkommens wird in den 25 Mitgliedsländern der OECD (Organization for Economic Cooperation and Development) verzeichnet, allein 82 Prozent in den sieben größten Wirtschaftsmächten USA, Kanada, Japan, Deutschland, Italien, Frankreich und Großbritannien.

Versicherungsdichte und -durchdringung

Die „Versicherungsdichte" ist eine aussagekräftige Barometerzahl für den Entwicklungsstand der Assekuranz in einer bestimmten Region; als Maßzahl gilt dabei die durchschnittliche Pro-Kopf-Ausgabe für Privatversicherungen in einem Land. Eine ähnlich wichtige Beurteilungsgröße für die Einstufung eines Marktes ist die „Versicherungsdurchdringung"; darunter versteht man den Anteil der Versicherungsprämien am Bruttoinlandsprodukt (BIP) eines Staates; sie zeigt die volkswirtschaftliche Bedeutung der Assekuranz in einem Staat.

Bei der „Versicherungsdichte" führt seit Jahrzehnten die Schweiz mit 2324 US-Dollar 1988. Doch die Japaner sind drauf und dran, den Eidgenossen den ersten Platz abzunehmen: 1988 lagen die Japaner nur noch um 3 US-Dollar Prämienausgaben pro Kopf und Jahr hinter den Schweizern. Auf dem dritten Platz stehen die USA mit 1751 US-Dollar Jahresausgaben für Privatversicherungen, gefolgt von Deutschland mit rund 1300, Großbritannien und Finnland mit je 1200. Neu unter den ersten zehn versicherungsdichtesten Ländern der Erde sind Schweden und Kanada. Am untersten Ende der Versicherungsdichte rangieren Indonesien, Pakistan, die Volksrepublik China und auf dem letzten Platz Nigeria. In der EG wurden im Jahr 1988 rund 820 US-Dollar pro Kopf der Bevölkerung für Versicherungsleistungen ausgegeben, nur halb so viel wie in den USA, im Bereich Osteuropas hingegen bloß knapp 96, also ein Neuntel des EG-Werts.

Eine völlig andere Reihenfolge zeigt ein Blick auf die Versicherungsdurchdringung: Mit einem mehr als 10prozentigen Anteil der Prämien an der gesamten Wirtschaftsleistung führt Südafrika vor Irland (10%), Japan (9,8%) und Südkorea (9%); die geringste Versicherungsdurchdringung zeigen Libyen, Rumänien, die Volksrepublik China, die Türkei und der Iran.

Allerdings ist die Aufteilung des gesamten Versicherungsgeschäfts auf die einzelnen Sparten international sehr unterschiedlich: Den höchsten Anteil an Lebensversicherung (und damit den niedrigsten Anteil an Nicht-Leben-Versicherungen) haben Südkorea mit 83, Südafrika mit 78 und Japan mit 75 Prozent; den höchsten Anteil an Nicht-Leben-Versicherungen haben Libyen mit 98, Jugoslawien mit 97, Island und Algerien mit 96 Prozent am jeweiligen Prämienvolumen.

In allen diesen Vergleichen ist lediglich das einheimische Direktgeschäft (ohne Rückversicherung) der Versicherungsunternehmen berücksichtigt. Für Länder, deren Assekuranz einen hohen Auslandsanteil hat – wie Frankreich, Großbritannien, Italien, Kanada und die Schweiz –, sind nur die inländischen Prämieneinnahmen berücksichtigt worden.

Österreich ist guter Durchschnitt

In allen Weltübersichten fehlt Österreich, weil es weder in den obersten noch in den untersten Rängen aufscheint; es ist versicherungsmäßig guter Durchschnitt: Bei der Versicherungsdichte liegt es mit etwa 820 US-Dollar Prämienausgaben pro Kopf im Jahr 1988 auf dem 15. Weltrang hinter Dänemark, Frankreich und Irland und vor Luxemburg, Island und Belgien; bei der Versicherungsdurchdringung mit knapp mehr als 5 Prozent Anteil der Prämienausgaben am Bruttoinlandsprodukt liegt Österreich auf dem 17. Weltrang hinter Schweden, Kanada und Norwegen, vor Dänemark, Neuseeland und Spanien.

Auch beim Verhältnis Lebens- zu Nicht-Leben-Versicherung nimmt Österreich einen Welt-Mittelplatz mit etwa 33 zu 67 Prozent ähnlich Israel und Belgien ein. In Japan hat die Lebensversicherung einen mehr als doppelt so hohen Anteil am Versicherungsgeschäft (75%) als in Österreich. Die private Lebensversicherung ist – auch mit anderen westlichen Industrieländern wie Schweiz (57%) oder Deutschland (46%) verglichen – in Österreich deutlich unterrepräsentiert.

Einen besonderen Platz hat Österreich, was seine Durchdringung mit ausländischen Versicherungen betrifft: Rund 47 Prozent aller Prämien entfallen nämlich auf ausländisch kontrollierte Versicherungen, davon aber nur 1 Prozent auf bloße Niederlassungen ausländischer Versicherer in Österreich. Einen ähnlich hohen Ausländeranteil im Versicherungswesen wie in Österreich gibt es weltweit nur noch in Kanada (40%) und in Spanien (30%). In allen anderen Ländern rangieren ausländisch kontrollierte Versicherungen unter „ferner liefen" mit Marktanteilen zwischen 12 Prozent (Frankreich) und 1 Prozent (Schweden).

Im Vergleich zur übrigen Wirtschaft (Industrie, Geldinstitute, Verkehrsunternehmen) ist der Internationalisierungsgrad der österreichischen Versicherungen im internationalen Durchschnitt gering.

Die Wettbewerbssituation bei Versicherungen auf einem bestimmten Markt erkennt man an der Zahl der Unternehmen und der Verteilung der Marktanteile auf die 15 größten: In Schweden ist die Konkurrenzlage einfach, denn die 15 größten Versicherungen halten 95 Prozent des Markts, die restlichen 255 kommen nur auf 5 Prozent; ähnlich ist es in Japan. In Spanien ist der Wettbewerb brandheiß, denn hier gibt es nur wenige „Platzhirsche“: Die 15 größten Assekuranzen kontrollieren nur 40 Prozent des Markts, die übrigen 317 bringen es zusammen auf 60 Prozent.

Deutschland zählt zu den Ländern mit eher geringer Marktkonzentration bei den Versicherungen; die größten Schaden- und Unfallversicherer mußten in letzter Zeit sogar Marktanteilsverluste hinnehmen. Die größte deutsche Versicherung ist die „Allianz“ mit 11 Prozent Anteil bei Leben und 13,6 Prozent bei Nicht-Leben; auf dem zweiten Platz rangiert die „Colonia“ mit 3,7 Prozent Anteil in der Schaden- und Unfallversicherung, bei Lebensversicherungen die „Hamburg-Mannheimer“ mit 6,5 Prozent.

Anders ist die Wettbewerbslage in der Schweiz: Die 15 größten Versicherungen haben im Nicht-Leben-Bereich ihren Marktanteil zuletzt auf beachtliche 85 Prozent gesteigert; die 15 größten Lebensversicherer haben sogar 98 Prozent Marktanteil; im Nicht-Leben-Bereich führt die „Winterthur“ mit 18 Prozent, gefolgt von der „Zürich“ mit 13, bei den Lebensversicherungen hat die „Rentenanstalt“ 26,8 und die „Winterthur Leben“ 20,2 Prozent Marktanteil.

Die nach ihren jährlichen Prämieneinnahmen weltgrößten Versicherungen sind die japanischen, gefolgt von den amerikanischen und schließlich den europäischen: Platz Nummer eins hält mit umgerechnet 389 Milliarden österreichischen Schilling „Nippon Life", auf Platz zwei steht mit 282 Milliarden die „Dai-Ichi Mutual Life", erst auf Platz drei mit 265 Milliarden die größte US-Versicherung „Prudential", gefolgt von der ebenfalls amerikanischen „Actna Life & Casualty" mit 210 Milliarden Schilling Prämieneinnahmen; dann folgen die japanische „Sumitomo Life" mit 200, die US-amerikanische „Metropolitan Life" mit 185 und erst auf dem 7. Platz rangiert die erste europäische, „Allianz-Welt" aus Deutschland, mit 181 Milliarden Schilling Prämieneinnahmen.

Die zehn größten Versicherungen der Erde brachten es im Jahr 1989 zusammen auf 2200 Milliarden Schilling Prämieneinnahmen, das 23fache des österreichischen Prämienaufkommens.

Der österreichische Versicherungsmarkt

In Österreich befinden sich fünf der zehn größten Versicherungen unter mehrheitlich ausländischem Einfluß, darunter auch der Marktleader, die „Erste Allgemeine" mit knapp 13,8 Prozent Marktanteil; an zweiter Stelle steht die „Wiener Städtische" mit 12 Prozent, die „Bundesländer" mit 11, „Interunfall/RAS" sowie „Wiener Allianz" mit je 6,4, „Generali Leben" mit knapp 3,9, gefolgt von der „Donau" – die zum Konzern der „Städtischen" gehört – mit 3,7, „Raiffeisen" mit 3,2, „Anglo Elementar" mit 3,1 und der „Austria" mit 2,9 Prozent Anteil am gesamten Prämienvolumen. Zum Konzern der „Erste-Allgemeine-Generali" zählt ab 1991 auch die Generali Lebensversicherung (60-%-Beteiligung), die Europäische Reiseversicherung, die CA-Generali (jeweils 51%), die Wiener Allianz (25%) und weitere Finanzierungs- und Immobiliengesellschaften.

In Österreich sind zur Zeit insgesamt 70 Privatversicherungen – einschließlich der Niederlassungen ausländischer Unternehmen – aktiv; sie beschäftigen rund 30000 Mitarbeiter, davon etwas mehr als die Hälfte im Außendienst. Daneben gibt es weit mehr als 100000 nebenberuflich tätige Versicherungsvermittler.

Die österreichischen Versicherungen haben 1989 84,2 Milliarden Schilling Prämie aus Erstversicherungsverträgen (das sind 11050 Schilling pro Kopf der Wohnbevölkerung) erzielt, um 6,5 Prozent mehr als 1988; das war – trotz herrschender Hochkonjunktur – seit 30 Jahren die schwächste Zuwachsrate und um einen halben Prozentpunkt weniger, als das Wirtschaftswachstum ausgemacht hat. 1990 gab es mit einer Prämiensteigerung um 4,6% auf 88,1 Milliarden Schilling eine weitere Abschwächung: Die Schaden- und Unfallversicherung kam 1990 auf 48,7 Milliarden, die Lebensversicherung auf 27,6 und die Krankenversicherung auf 11,8 Milliarden Schilling. Das heißt: Die Lebensversicherung schrumpfte geringfügig, die Schaden-, Unfall- und Krankenversicherung schnitt dagegen etwas besser ab. Während 1990 die Prämien um 4,5% stiegen, nahmen die Versicherungsleistungen nur um 0,3% auf 53,9 Milliarden Schilling zu.

Im europäischen Vergleich liegt Österreich mit einem jährlichen Wachstum des Versicherungsmarkts zwischen 1980 und 1987 von 5,8 Prozent zwar höher als Deutschland und die Niederlande, bleibt aber deutlich hinter sämtlichen anderen westlichen Ländern des Kontinents (+6 bis +22,4%) zurück.

Die zehn größten österreichischen Versicherungen hatten 1989 mit 63,2 Milliarden Schilling Prämienvolumen einen Marktanteil von 66,5 Prozent; das heißt, die Marktkonzentration ist in Österreich im internationalen Vergleich beachtlich hoch, die Härte des Wettbewerbs also nur mittelmäßig.

In jüngster Zeit wird dieser Wettbeweb jedoch durch das werbliche Vordringen von sogenannten „Billigversicherern", insbesondere auf dem Gebiet der Kfz-Versicherung, angekurbelt. Unter plakativem Hinweis auf spartanische Verwaltungskosten, Verzicht auf repräsentative Büropaläste und große Vertreterstäbe bieten sie gegenüber der Konkurrenz um rund 15 Prozent verringerte Prämien bei fast vergleichbaren Leistungen an: Neben der längst etablierten „Volksfürsorge-Jupiter" (VJV) zählen noch die „Raiffeisen Versicherung" – die zusätzlich zur Lebensversicherung nun auch die Schadenversicherung von Null an aufbaut – sowie neuerdings die SK-Versicherung, die Versicherung für die Bauwirtschaft (VAV) und die „Hannover International“ dazu. Der Marktanteil der Billigversicherer im sonstigen Massengeschäft ist in Österreich noch verschwindend, steigt aber stetig.

Bezeichnend für den eher geringen Wettbewerb auf dem österreichischen Versicherungsmarkt ist auch der im internationalen Vergleich geringe Anteil selbständiger Makler und die Dominanz von versicherungsabhängigen Vertreterstäben im Vertrieb: Die knapp 2600 aktiven österreichischen Maklerbüros dürften jetzt einen Marktanteil von etwa 15 Prozent (USA, Großbritannien bis zu 80%!) haben; 1978 hatten sie lediglich rund 5 Prozent gehabt.

Seit Mitte der siebziger Jahre ist in Österreich ein deutlicher Trend zur Lockerung der vordem strengen Standardisierung aller Versicherungsbedingungen und Ordnung der Tarife erkennbar: Damit hielt zwar eine Verbilligung, doch auch eine höchst beratungsbedürftige Nicht-Vergleichbarkeit sowie eine für den Fachunkundigen verwirrend anmutende Vielfalt von Versicherungsangeboten Einzug. Diese enorme Chance auf Ausweitung ihres Marktanteils ließen sich die Makler nicht entgehen.

Die freiwillige Privatvertrags- und die gesetzliche Pflichtversicherung lassen sich in Österreich gut auseinanderhalten. Sie ergänzen einander, indem die Privatversicherung als Eigenvorsorge der Menschen die „blinden Flecken" der Sozialversicherung abdeckt. Trotzdem gibt es kleine gegenseitige Überschneidungen: In der Pflichtversicherung besteht die Möglichkeit, sich freiwillig weiterversichern zu lassen, in der Privatversicherung wieder besteht ein gesetzlicher Zwang zur Versicherung in einigen Haftpflichtsparten – allerdings bei freier Wahl des Versicherers.

In Österreich gibt es mehr als 50 Versicherungssparten in 178 Varianten. 1989 waren 33,9 Millionen einzelne Risiken versichert (rund 4,3 pro Kopf, jedoch durchschnittlich nur zwei beim selben Versicherer!). Aus 3,75 Millionen Verträgen sind Leistungen ausbezahlt worden. Die Zahlungen der Versicherungen an ihre Kunden sind 1989 schneller gestiegen als die Zahlungen der Kunden an die Versicherungen; 1989 war es umgekehrt.

Technische Versicherungen

Einen besonders schlechten Verlauf nimmt in letzter Zeit die Industrieversicherung; sie besorgt die Deckung sämtlicher unvorhergesehener, plötzlich eintretender Schäden (nicht von Verschleißschäden), die ein Unternehmen schon vor dem Start, viel mehr aber während seiner operativen Tätigkeit erleidet und die seine Existenz gefährden. Der Trend geht von ehemals zehn- und fünfjährigen zu bloß einjährigen Versicherungsverträgen.

Der durchschnittliche Versicherungsvertreter hat in dieser Sparte nichts verloren; die individuellen „technischen Sparten" sind ein Betätigungsfeld für besonders geschulte Spezialisten – sowohl beim Versicherer wie bei seinen Kunden. Der Schadenaufwand steigt, er erreicht in vielen technischen Versicherungssparten in Österreich 80 bis 85 Prozent der Einnahmen (in der Schweiz nur etwa 50%), doch die Versicherungsprämien werden trotzdem niedriger: Im beinharten Verdrängungswettbewerb, vor allem mit deutschen Versicherern, bröckelten die Jahresprämien von früher etwa 2,2 auf inzwischen 0,8 Promille der Versicherungssumme – also um fast zwei Drittel – ab. Paradox, aber wahr: ein typisches Verlustgeschäft mit gleichzeitigem Rabattwettbewerb!

In der Palette der technischen Versicherungen – vom üblichen Anfall des Bedarfs gesehen, sind das die Bauwesenversicherung während der Errichtung eines Unternehmens, die Montageversicherung bei Industrieanlagenexporten, die Maschinen-, Betriebsunterbrechungs- und Computer-(in Deutschland „Elektronik-")versicherung während des Geschäftsbetriebs – dominiert mit rund 52% der Prämieneinnahmen noch die Maschinenbruch- vor der Elektronikversicherung mit 27%; letztere wächst derzeit dreimal so schnell wie erstere und dürfte sie in absehbarer Zeit weit überflügeln; starke Einbußen erlebt in jüngster Zeit die Montageversicherung. Die moderne Computerversicherung – die 6 bis 20 Promille des Anschaffungswerts an Jahresprämie kostet und mit weniger als 60 Prozent einen erstaunlich niedrigen Schadensverlauf hat – übernimmt allerdings nicht das Risiko von „inneren Betriebsschäden" elektronischer Anlagen; sie ist daher kein Ersatz für Computerwartungsverträge, die mit Jahreskosten zwischen 6 und 20% vom Anschaffungspreis zehnmal so stark ins Geld gehen wie die Computerversicherung. Die herkömmliche Elektrogeräte-Versicherung wird künftig nur noch in der Haushaltversicherung angeboten werden.

Einbruch-, Diebstahl-, Haushaltsparten

Einen ebenfalls wenig befriedigenden Schadensverlauf nehmen in jüngster Zeit die typischen Haushaltsparten; das sind die Feuer-, Sturmschaden-, Leitungswasserschaden-, Einbruch-, Diebstahl-, Glasbruch- und sogenannte „kleine Privathaftpflichtversicherung" – ein typisches Massengeschäft mit Türöffnerfunktion: Mit zunehmendem Wert der privaten Haus- und

Wohnungsinhalte sowie mit wachsender Verstädterung (Anonymität der Gesellschaft bei steigender Siedlungsdichte) steigt das Risiko der persönlichen Habe, damit der Versicherungsbedarf, und dieser öffnet dem großen Heer der Versicherungsvertreter Tür und Tor der Konsumenten. Fazit: Ende 1989 waren von fast 2,9 Millionen privaten Haushalten in Österreich gut 2,6 Millionen oder etwa 91 Prozent mit einer Durchschnittsprämie von 1101 Schilling im Jahr versichert. 1990 wurden – laut einer Untersuchung der Arbeiterkammer – von unterschiedlichen Assekuranzen für die Versicherung des Inhalts einer 74 Quadratmeter großen Wohnung der Kategorie B im Neuwert von 700000 Schilling Jahresprämien zwischen 1054 und 2820 S verrechnet, woraus auf einen Dschungel von unterschiedlichen Bedingungen zu schließen ist.

Typische Haushaltsversicherungsprobleme sind:

- grassierende Unterversicherung (die vereinbarte Deckungssumme – wertmäßige Höchstgrenze, bis zu der die Versicherung für das Schaden-„Ereignis" haftet – deckt nur einen Teil des Werts des Wohnungsinhalts, so daß im Schadenfall auch nur ein um den Unterversicherungsanteil verminderter Ersatz geleistet wird);
- geringer Informationsgrad beim Versicherten, wogegen er konkret versichert ist (so daß gelegentlich Doppel- oder Überversicherungen mit zu hoher Prämienzahlung zustandekommen; im Schadenfall wird wegen des „Bereicherungsverbots" dann trotzdem nur einmal der Wert des nachgewiesenen Verlusts abgegolten);

- hoher Verwaltungsaufwand je Schaden; die Abwicklung vieler kleiner Schäden frißt einen Gutteil der Prämie auf, so daß viele Versicherungen dazu übergegangen sind, Haushalt-Kleinschäden bis 5000 Schilling ohne Erhebungsaufwand zu liquidieren (was Schwindlern neue Chancen gibt; bei mehr als drei gemeldeten Kleinschäden im Jahr beginnen Haushaltversicherer allerdings Betrug zu wittern!);
- ein besonderes Sorgenkind ist der schlechte Verlauf der Einbruch-Diebstahl-Versicherung, insbesondere in den ostösterreichischen Siedlungsgebieten; in Wien entfallen auf Einbruch-Diebstahl-Schäden gut 48% der Haushaltversicherungsprämie, in Oberösterreich 7,3; 1990 ist die Zahl der Einbrüche in Österreich weiter um besorgniserregende 22 Prozent auf rund 72000 Fälle mit 460 Millionen Schilling Schaden gestiegen; die Autoeinbrüche kletterten um 30% auf 35800, die Wohnungseinbrüche um 20% auf 20000 sowie Büro- und Geschäftseinbrüche um 10% auf 15000 Fälle.

Der Einbruch-Diebstahl-Bereich ist jener Versicherungssektor, in dem die aktive Schadensverhütung als gezielte Risikominderung erfolgreich zum Einsatz kommt: von der Erforschung krimineller Praktiken über die einschlägige Beratung von Versicherungskunden bis zu Prämienabschlägen bei Installation geprüfter Alarmanlagen. Ähnlich in der Feuerversicherung: Die Zahl der Brände sinkt, der entstandene Sachschaden steigt: 1981 gab es in Österreich rund 24000 Brände mit 1,6

Milliarden Schilling Schaden, 1989 wurden von knapp 22600 Bränden Güter im Wert von fast 4 Milliarden Schilling vernichtet, wobei 21 Prozent aller Schäden auf „Zündler" - Brandlegungen und Kinderbrandstiftungen - zurückzuführen waren. Unternehmen schlagen selten Feueralarm, doch wenn es brennt, gibt es aus; die Hälfte der Feuerschäden entfällt auf Industriebrände, wobei der anschließende Betriebsstillstand oft mehr kostet als der Brand selbst. Dennoch fristet die Feuer-Betriebsunterbrechungsversicherung in Österreich ein Schattendasein; nur ein Drittel der feuerversicherten Firmen sorgt auch für die Betriebsunterbrechung vor.

Während die Sachversicherung eher kurzfristig abgewickelt wird - im Jahr des Schadens („Ereignisses") werden mehr als 90 Prozent der Fälle liquidiert -, ist das Haftpflichtgeschäft ein „long tail business"; in der Kfz-Haftpflicht etwa kann im Jahr des Schadens durchschnittlich nur die Hälfte der Fälle erledigt werden, so daß die Versicherungen in dieser Sparte umfangreiche finanzielle Mittel rückstellen („technische Reserven" anlegen) müssen.

Entkrampfte Kfz-Haftpflichtversicherung

Seit Ende der achtziger Jahre hat die österreichische Versicherungswirtschaft eine Sorge weniger:

Die Kraftfahrzeughaftpflichtversicherung, früher mit ihren Defiziten und den daraus abgeleiteten ständigen Erhöhungsanträgen auf die behördlich genehmigten Tarife ewiger politischer Zankapfel, hat sich zu einer selbsttragenden, unumstrittenen, voll auf die individuelle Schadenserfahrung des Versicherten abgestellten Sparte gemausert. Die völlige Freigabe der Prämien im Jahr 1987 hat zwar zu einigen saftigen Preiserhöhungen, andererseits zur Belebung des Wettbewerbs unter den Kfz-Versicherern und damit zu einem breiten Spektrum unterschiedlicher, oft unübersichtlicher Tarife und Rabattabschläge, schließlich aber auch dazu geführt, daß diese Massen-Versicherungssparte aus dem Feuer der öffentlichen Kritik herausgekommen ist. Trotz aller Deregulierung müssen die österreichischen Kfz-Versicherer weiterhin eine gesonderte Erfolgsrechnung für diese Sparte vorlegen und 18 Groschen je vereinnahmtem Schilling Prämie zur Erhöhung ihres Kapitals (Solvabilität) zurücklegen.

Das Problem dieses Bereichs ist die hohe Emotion beim Autofahren; da kaum ein Lenker gern die Schuld an einem verursachten Schaden trägt, gerät die Versicherung – wie in keiner Sparte sonst – in die unangenehme Lage, Schiedsrichter über das jeweilige Verschulden zu sein und dabei oft auf Kosten Dritter den eigenen Kunden zu belasten. Das beeinträchtigt das gute Klima zwischen beiden und ist Grund für das verbreitete Unbehagen. Dazu kommt die Streitfrage der Prämiengerechtigkeit. Grundsatz dafür ist die

Einschätzung der jeweiligen Risikoexponierung; in den meisten Ländern wird der Preis für die Kfz-Haftpflicht nach der Stärke des versicherten Fahrzeugs bemessen; in Norwegen etwa nach der Jahreskilometerleistung, in den USA gibt es Prämienabschläge für die – vorsichtiger fahrenden – Frauen und Differenzierungen nach dem Verwendungszweck des Kraftfahrzeuges. Die uralte „Gefahrengemeinschaft“ wird in der modernen Kfz-Versicherung also stark aufgesplittert.

Seit August 1977 ist im Bereich der Kfz-Haftpflicht für Pkws und Kombis in Österreich das Bonus-Malus-System gültig; es bemißt die Prämie für dieselbe Fahrzeugkategorie nach der persönlichen Schadenserfahrung des Eigentümers unterschiedlich hoch; für Schadenfreiheit werden Prämienabschläge, für Schadenträchtigkeit -zuschläge vorgenommen („merit rating“). Ähnliche Systeme gibt es außer in Österreich in vielen anderen Staaten mit unterschiedlich hohen Prämienauf- und -abschlägen; in den USA bewirken teilweise sogar Polizeistrafen (etwa wegen Schnellfahrens) Prämienzuschläge in der Kfz-Haftpflicht. In Österreich ist das Bonus-Malus-System 17stufig; man beginnt in der Grundstufe 9 mit voller Prämie; in jedem schadenfreien Jahr steigt man um eine Stufe tiefer, bis man, bei Null angelangt, nur noch die Hälfte der Prämie der Grundstufe 9 zahlt; bei jedem Schadenfall, der die Versicherung trifft, steigt man drei Stufen höher, bis man in Stufe 17 die doppelte Basisprämie berappen muß. Dieses System bewirkt, daß seit seiner Einführung viele

Bagatellschäden von den Pkw-Besitzern selbst abgedeckt werden; statt 40 Schäden pro Jahr und Pkw vor 1977 gibt es jetzt nur noch 15, was Ersparnisse bei den Versicherungen und eine Entlastung der Prämie brachte. Gleichzeitig stieg aber auch der Zug zur Fahrerflucht im Verkehr und zur „Malusflucht“ (so nennt man die Versuchung schadenintensiver Pkw-Besitzer, ihr Auto über einen schadenfreien Bekannten prämienschonend neu anzumelden) gegenüber den Kfz-Versicherungen an. Ende 1990 waren 76,8 Prozent der österreichischen Pkw-Besitzer in einer der acht Bonusstufen, 17,7 Prozent in den beiden Grundstufen und nur gut 5,4 Prozent in einer der acht Malusstufen.

Eigene Haftpflichttarife gibt es für einspurige Kraftfahrzeuge (niedrigere für einsitzige, weil schadenarm, höhere für zweisitzige, weil schadenintensiv), Taxis (hoch, weil schadenträchtig), gewerblich genutzte Lkw (teurer) sowie Betriebs-Lkw und landwirtschaftliche Fahrzeuge (billiger, weil geringere Fahrleistung).

Neben der Haftpflichtversicherung für jeden Fahrzeughalter zugunsten Dritter gibt es auch versicherungsmäßige Deckung für Beschädigungen am eigenen fahrbaren Untersatz und dessen Inhalt: Es sind das die Kasko- und Teilkasko- sowie die Insassenunfallversicherung.

Typisch für die Kfz-Kaskosparte ist das Prinzip „neu für alt“; wer seinen alten Kotflügel beschädigt, erhält von der Versicherung – ohne Zuschlag – einen nagelneuen ersetzt. (Bei der Hausratversicherung gibt es neu für alt – also den Ersatz des

Neuwertes statt des Zeitwertes einer beschädigten Sache – nur dann, wenn man für eine „Neuwertversicherung" vorher den entsprechenden Prämienzuschlag bezahlt hat.)

Alle Kfz-Versicherungen in Österreich hatten 1989 zusammen fast 21 Milliarden Schilling an Einnahmen und 15,7 Milliarden an Leistungen erbracht. Sämtliche Kfz-Versicherungsprämien (auch jene von Kasko- und Teilkaskoversicherungen) steigen im Jahresschnitt um 2 bis 3 Prozentpunkte mehr als die Inflationsrate, weil auch die Preisdynamik in der Kfz-Wirtschaft („Pikhl-Index" = Preisindex für Versicherungsleistungen in der Kfz-Haftpflicht, der Ersatzteil-, Krankenhaus-, Arzt-, Anwaltskosten enthält) stärker ist als bei sonstigen Verbrauchsgütern.

Trotz Freigabe der Kfz-Haftpflichtprämien und neuer einjähriger Kündbarkeit solcher Versicherungsverträge (durch das neue KHVG ab 1. August 1987) ist die Verbreitung von servicelosen „Schalterpolizzen" – die einen Prämienabschlag von 7 bis 15 Prozent bieten – mit rund 20000 von gut zwei Millionen Pkw-Haftpflichtfällen nach wie vor gering. Die in letzter Zeit aktiven Billigversicherer haben vom Kfz-Haftpflichtmarkt einen geschätzten Anteil von 5 Prozent erreicht. Der Rabattwettbewerb – unter den Titeln „Ladyprämie" oder „Turbo-Haftung" – ist jedoch in vollem Gang; bei rund 15 Prozent aller Kfz-Haftpflichtpolizzen gibt es bereits Abschläge.

Was sind Haftpflichtversicherungen?

Die Kfz-Haftpflicht ist die wichtigste, aber nicht die einzige Haftpflichtsparte; es gibt etwa auch die Privat- und Sporthaftpflicht- und in Österreich seit 1988 die neue Produkthaftpflichtversicherung. Aufgrund spezieller Gesetze besteht in Österreich eine Reihe von Pflichtversicherungen für bestimmte Berufe oder Tätigkeiten, wie Atom-, Pipeline-, Jagd- oder Ärztehaftpflicht sowie die Luftfahrtversicherung. Sämtliche Haftpflichtsparten schützen den Versicherten vor Ansprüchen, die aufgrund gesetzlicher Bestimmungen an ihn von außenstehenden Dritten wegen der Beschädigung von Personen oder Sachgütern gestellt werden. Wer wegen seines Berufs, seiner Hobbies, seines Besitzes besondere Gefahr läuft, einem anderen einen unbeabsichtigten Schaden zuzufügen, sollte (in manchen Fällen muß) sich zugunsten dieses Dritten versichern lassen.

Jede Haftpflichtversicherung führt nur dann zu Leistungen, wenn ein Verschulden des Versicherten nachzuweisen ist; keine Leistung gibt es jedoch, wenn der Schaden durch höhere Gewalt eintritt. Unter „höherer Gewalt" verstehen Fachleute „ein von außen wirkendes elementares Ereignis, das auch durch äußerste zumutbare Sorgfalt nicht zu verhindern war und so außergewöhnlich ist, daß es nicht als typische Betriebsgefahr anzusehen ist". Weniger geschwollen gesagt: Unter den Begriff „höhere Gewalt" fallen Kriege oder Naturgewalten, wie Erdbeben, Erdrutsche, Blitzschlag usw. Bestimmte Schäden aus höherer Gewalt sind in der Sachversicherung trotzdem versicherbar; etwa durch die Hagelversicherung in der Landwirtschaft oder Schäden aus Blitzschlag und Sturm in der Haushaltversicherung.

Die Haftpflichtversicherung hat grundsätzliche Unterscheidungsmerkmale zur Sachversicherung:

- Sie deckt nicht eigene, sondern fremde Schäden;
- der Versicherer gilt berechtigte Haftungen materiell ab und wehrt unberechtigte ab;
- man läuft nicht Gefahr, unterversichert zu sein, denn es handelt sich um eine „Versicherung auf erstes Risiko": Die Versicherung leistet in jedem Fall Ersatz bis zur vollen Höhe der Deckungssumme; übersteigt der finanzielle Anspruch des Geschädigten diese Summe, muß der Schädiger die Differenz aus seiner Tasche berappen; das kann bei lebenslangen Rentenzahlungen an einen durch Unfall invalid Gewordenen eine enorme Belastung sein.

Weil die von den Gerichten in letzter Zeit zugesprochenen Entschädigungsleistungen an verletzte Personen enorm hoch geschnellt sind (Verteuerung der sogenannten „Gliedertaxe", der Bewertung von Unfallfolgen, insbesondere der „Preis" für beschädigte Körperteile), ist das Interesse an besonders hohen Deckungssummen bei Haftpflichtversicherungen deutlich gestiegen.

Als künftiges Betätigungsfeld der Haftpflichtversicherung gilt die Gentechnologie: In Deutschland ist für gentechnische Arbeiten, für die Freisetzung gentechnisch veränderter Organismen und deren Vertrieb auf dem freien Markt eine unbegrenzte Gefährdungshaftung mit Versicherungspflicht vorgesehen; ähnliche Risiken aus der Gentechnik und der Bedarf nach vergleichbarem Versicherungsschutz werden nun auch für Österreich spruchreif. Deswegen hält man die Haftpflichtversicherung für *die* Wachstums- und Problemsparte der neunziger Jahre.

Als Ergänzung zur Haftpflichtversicherung gibt es die Rechtsschutzversicherung, die angesichts des immer komplizierter werdenden Rechtsstaates an Bedeutung gewinnt; sie zahlt üblicherweise die Kosten des Rechtsanwalts nach Wahl des Versicherten, übernimmt Prozeßkosten und kommt auch für das Risiko verlorener Prozesse auf. Allerdings muß die Rechtsschutzversicherung wenigstens drei Monate vor Beginn eines Rechtsstreits abgeschlossen worden sein, um dafür beansprucht werden zu können.

Ergänzungsfunktion Personenversicherung

Die bedeutendste Sparte der privaten Personenversicherung ist in Österreich die Lebensversicherung (mit 27,6 Milliarden Schilling Einnahmen und 11,1 Milliarden Leistungen 1990), gefolgt von der Krankenversicherung (knapp 11,8 Milliarden Prämien und 8,7 Milliarden Leistungen); die geringste Bedeutung hat die Unfallversicherung (3,5 Milliarden Einnahmen und knapp 2 Milliarden Schadensleistungen) wegen der alle wichtigen Berufs- und Personengruppen umfassenden gesetzlichen Unfallversicherung vom Schüler bis zum Nebenerwerbsbauern. 1989 gab es mit knapp 9,5 Millionen Lebensversicherungen mehr als einen Vertrag je Österreicher; daneben ist jeder zweite Österreicher gegen Unfall versichert (es gibt 4 Millionen einschlägige Verträge), und vier von zehn Österreichern sind – trotz eines allumfassenden Sozialversicherungssystems – auch noch privat krankenversichert.

Die private Personenversicherung ergänzt den heute vielfach überforderten Sozialstaat bei der Vorsorge für Krankheit, Unfall oder Ableben; daher gibt es in Österreich eine betragsbegrenzte steuerliche Förderung von Personenversicherungen über „Sonderausgaben". Bei der Erlebensversicherung kommt das Motiv der persönlichen Vermögensbildung hinzu: Wer den Ablauf seiner Lebensversicherung erlebt, verfügt zumeist über ein ansehnliches Kapital.

Im Lebensbereich gibt es zahlreiche – in anderen Sparten unbekannte – Gestaltungsmöglichkeiten des Versicherungsvertrags: Man kann beliebige Bezugsberechtigte einsetzen (Vinkulierung), man kann die Rechte aus einer Lebensversicherung ganz abtreten (beides z. B., um Gläubiger zu befriedigen) oder die Ansprüche aus seiner Lebensversicherung verpfänden (etwa um einen Kredit zu besichern). In der Lebenssparte gibt es eine breite Angebotspalette von der reinen Ablebensversicherung (die mit dem Tod des Versicherten oder mit dessen 85. Lebensjahr fällig wird) über die Risikoversicherung (wo die Versicherung nur beim Ableben des Versicherten zahlt, meist für Kreditschuldabsicherung verwendet) bis zur Ab- und-Erlebens-Versicherung, der häufigsten Variante (in der ein Anrecht auf Gewinnbeteiligung erworben wird), und der reinen Erlebensversicherung (die oft als bloße Sparform verwendet wird); bei dieser wird entweder die Versicherungssumme bar ausbezahlt oder eine laufende Rente gewährt oder eine Kombination beider Möglichkeiten gewählt. Die Erlebensversicherung ist jedenfalls ein Weg, gegenwärtiges Einkommen für die private Alterszusatzversorgung - die neben die Pflicht-Pension tritt - auf die hohe Kante zu legen. Als Alternative und Konkurrenz zu ihr treten in Österreich seit 1990 die Pensionskassen auf.

Für den Abschluß von Ab- und Erlebensversicherungen ist bei hohen Versicherungssummen eine vorherige ärztliche Untersuchung verpflichtend, bei niedrigeren Summen ratsam, weil sie die Prämie um bis zu 2 Promille der Versicherungssumme verbilligt; bei einer Million Versicherungssumme sind das 2000 Schilling weniger Jahresprämie. Nichtraucher, die mit dieser Haltung ihr persönliches Ablebens- und Krankheitsrisiko ebenfalls vermindern, erhalten in Österreich keine

Prämienermäßigung, wohl aber in Großbritannien oder in den USA.

Krankenversicherung und Lebenserwartung

In der Krankenversicherung geben traditionell die nicht auf Gewinn gerichteten wechselseitigen Versicherungen den Ton an; jene AGs, die eine Krankenversicherung anbieten, müssen wenigstens 85 Prozent der daraus erzielten Gewinne an die Versicherten und dürfen höchstens 15 Prozent als Dividende an ihre Aktionäre ausschütten.

Die Krankenversicherung ist in Österreich zu rund 99 Prozent eine Zusatzversicherung vor allem für die Krankenhauspflege; sie deckt also jene Kosten in der Sonderklasse oder in Privatsanatorien ab, die die gesetzliche Sozialversicherung nicht trägt. Diese Mehrkosten sind bundesländerweise sehr unterschiedlich; am höchsten in Wien, am niedrigsten in der Steiermark und in Niederösterreich. In diesen zwei Ländern zahlt der Benützer der Sonderklasse nur den Zuschlag für die bessere Ausstattung und Pflege (Anstaltsgebühren) sowie das höhere Arzthonorar, in Vorarlberg, Tirol, Salzburg, Kärnten, Oberösterreich, Burgenland und Wien auch die oft deftige Differenz zwischen der Pflegegebühr für die allgemeine Klasse und dem niedrigeren Pflegegebührenersatz, den die Sozialversicherung leistet. Daher sind auch die Krankenversicherungsprämien in Österreich bundesländerweise unterschiedlich hoch. Ein Vergleichsbeispiel vom größten österreichischen Krankenversicherer: Ein 36- bis 40jähriger Mann zahlte 1990 für eine Krankenhauszusatzversicherung für Wien eine Monatsprämie von 1 030 Schilling, für Vorarlberg 809, Salzburg 804, Oberösterreich 694, Tirol 667, Kärnten 629, Niederösterreich 459 und die Steiermark 450 Schilling. Wäre er nicht sozialversichert, so würde er für eine reine Krankenhaus-Grundversicherung rund 240 Schilling monatlich mehr zahlen. Die Tarife anderer Krankenversicherer sind davon nur wenig verschieden.

In Deutschland, wo rund 6,5 Millionen Menschen oder 10,5 Prozent der Bevölkerung aufgrund ihrer höheren Einkommen nicht pflichtversichert sind, kommt der Krankenversicherung als Grundschutz mehr Bedeutung zu als in Österreich. In der Schweiz sind etwa 98 Prozent der Bevölkerung bei einer der vielen konzessionierten und öffentlich unterstützten Krankenkassen versichert, zahlen dort individuell tarifierte und nicht, wie in der österreichischen Pflichtkrankenversicherung nach dem ASVG, (prozentuell) lohnabhängige Beiträge.

Typisch für die Krankenversicherung ist:

- Sie wird auf Lebenszeit abgeschlossen; nach drei Jahren Dauer darf der Versicherungsvertrag vom Versicherer nur noch gekündigt werden, wenn die Prämie ausbleibt, ein Betrug vorliegt oder ein mitversichertes Familienmitglied kündigt. Die Krankenversicherung kann sich also nicht von älter und krankheitsanfälliger werdenden Kunden trennen.

- Damit verändert (verschlechtert) sich – im Gegensatz zu allen Sachversicherungen – im Lauf des Vertragsverhältnisses ständig das Risiko, das der Krankenversicherer übernommen hat, wobei der Tarif aber unverändert bleibt; das bedeutet, daß auch in die Krankenversicherungsprämie von relativ jungen Menschen eine Sparprämie einkalkuliert werden muß, die der Krankenversicherer für die Zeit aufhebt, in der diese Kunden krankheitsanfälliger werden und eventuell mehr Ausgaben verursachen als Prämien leisten. In der durchschnittlichen Kalkulation von Krankenversicherungsprämien sind deshalb 8 bis 10 Prozent „Altersreserve“ enthalten.
- Die deutliche Erhöhung der Lebenserwartung, das Älterwerden der Menschen (österreichische Männer haben derzeit eine durchschnittliche Lebenserwartung von 72,1, Frauen von 78,8 Jahren gegenüber nur 66,6 bzw. 73 Jahren vor einem Vierteljahrhundert) bewirkt, daß sich im statistischen Durchschnitt der Zeitraum des Anfalls kostspieliger Krankheiten verlängert, die Krankenversicherten zwar auch länger Prämien bezahlen, aber nach einem früheren Tarif, in den die höhere Lebenserwartung nicht einkalkuliert war. Der versicherungsmäßige Idealfall eines 80jährigen, der kerngesund ist, bis er plötzlich tot umfällt, ist rar.

- So wird das Krankenversicherungsgeschäft immer weniger lohnend. Die durchschnittliche Leistungsquote (Anteil der Versicherungsleistungen an den Prämieneinnahmen) ist auf rund 90 Prozent gestiegen, der Anteil der Verwaltungskosten von knapp 10 Prozent reicht kaum noch aus; kräftige Prämienerhöhungen sind die Folge.

Krisenbarometer Transportversicherung

Die Transportversicherung ist für sämtliche außenhandelsabhängige Länder, wie Österreich, die Schweiz oder Deutschland, besonders wichtig; sie spielt mit knapp 1,5 Prozent Anteil am ganzen Versicherungsgeschäft aber eine bescheidene Rolle. Trotzdem hat sie viel Faszinierendes zu bieten: Die Geschäftsverbindungen der Transportversicherer gehen kreuz und quer über den Erdball, so wie die Güter, die sie schützen (vor Beschädigung, Verlust, Naturkatastrophen oder Raub). Um das sich mit allen Weltkrisen, Streiks, politischen Umwälzungen verändernde Risiko von Warentransporten jederzeit beurteilen, um also ausreichende Prämien verrechnen und um aufgetretene Schäden auch an den fernsten Punkten der Erde seriös feststellen zu können, wurde ein Netz lokalkundiger, versicherungsunabhängiger „Havariekommissäre“ aufgezogen. Diese Agenten der Transportversicherung besitzen eine gute Nase für sich anbahnende Konflikte, Umstürze oder Kriegsvorbereitungen; ihre Berichte über die Lage an jedem wichtigen Punkt der Erde sind eine brandaktuelle Nachrichtenquelle, die oft erfahrenen Journalisten und modernsten Medien zuvorkommt. Für Transporte in Krisengebiete werden deftige Aufschläge verrechnet. Im Golfkonflikt haben sich 1990/91 die Prämien der Transportversicherung im Nahen Osten fast auf das Fünfzehnfache erhöht.

Für Kriegsgebiete wird die versicherungsmäßige Deckung dieses spezifischen Risikos ganz verweigert. „Krieg" gilt – weil seine Folgen nicht kalkulierbar sind – in den meisten Versicherungsverträgen als Risikoausschluß. Als „Kriegsrisiko" werden alle Schäden durch Krieg, Bürgerkrieg, Revolution, Rebellion, Aufruhr und alle daraus resultierenden feindlichen Akte sowie durch Bomben, Minen, Torpedos und „andere herrenlose Kriegsgeräte", wie es die „Institute War Clauses" ausdrücken, angesehen.

Im Golfkrieg z. B. gab es für das Epizentrum der Kampfhandlungen – den Irak und Kuwait – überhaupt keine Transportversicherungen. Beim Seetransport in die kriegsnahen Regionen wurden für die Versicherung allein der Kriegsschäden stark erhöhte Prämien verlangt: Mitte Februar 1991 nach Israel 2,5 Promille der Versicherungssumme oder 250 Schilling Prämie für 100 000 Schilling Frachtwert; nach Dschedda nur die Hälfte davon, 1,25 Promille; für andere arabische Destinationen oder etwa für die Türkei galt der übliche Risikosatz von 0,275 Promille oder 27,50 Schilling für 100 000 Schilling Frachtwert.

Zentrum der Transportversicherung ist London, wo der gesamten Sparte die Prämien und Bedingungen - auch für die Kriegsversicherung - vorgegeben werden. Je nach den Schwierigkeiten auf dem Transportweg, der Zahl von Verladungen und der Situation im Bestimmungsland einer Lieferung werden unterschiedliche Risikozuschläge zum Grundtarif verrechnet; die Prämie hängt also vom Warenwert, von der Destination, von Art und Zahl der Verkehrsmittel sowie vom Deckungsumfang ab und bewegt sich selbst in heiklen Fällen im Promillebereich vom Warenwert: Die Transportversicherung für eine Stahllieferung innerhalb Österreichs kostet ein halbes Promille oder 50 Schilling Prämie je 100 000 Schilling Warenwert; für Umzugsgut, das von Österreich nach Südamerika geht, zahlt man 10 Promille oder 1 000 Schilling Prämie je 100 000 Schilling Wert.

In der Privatversicherung wird zwischen Sach- (Schaden-), Personen- und Haftpflichtversicherung unterschieden; die ersten zwei decken Schäden, die der Versicherte selbst erleidet, ab, letztere kommt für Schäden auf, die er einem anderen zufügt und für die er rechtlich ersatzpflichtig ist.

Wo sich Versicherungen versichern

Eine ganz spezielle Versicherungssparte, die üblicherweise hinter den Kulissen agiert, aber den Erdball wie ein dichtes Fangnetz umspannt, nur von einer Handvoll Fachleuten abgewickelt wird und schon lange vor allen Integrationsbestrebungen grenzüberschreitend tätig war, ist die Rückversicherung. So nennt man die Versicherung der Versicherungen.

Da ihre Geschäftsbedingungen nur von einem ausgewählten Kreis von Experten gesteuert und verantwortet werden, hat die Rückversicherung – ganz zu Unrecht – den Geruch einer Geheimwissenschaft erhalten. Stürzt ein Jumbojet in Asien ab, sinkt ein Schiff im Pazifik oder brennt eine Bohrinsel im Atlantik ab, so leisten zumeist auch österreichische Rückversicherer ihr Scherflein dazu; brennt andererseits in Wien ein großes Einkaufszentrum ab, so zahlen in der Regel mehrere europäische, amerikanische oder asiatische Rückversicherer einen guten Anteil am Schaden. Es gibt heute manche Mammutrisiken (etwa Pipelines, Bohrinseln, Industrieanlagen), die für die Übernahme allein durch eine noch so große und potente Versicherung einfach zu groß sind; man denke auch an Naturkatastrophen, wo Hunderte und Tausende Schadenfälle gleichzeitig (sogenanntes „Kumul“) innerhalb einer eng umgrenzten Region auftreten und Milliardenwerte an versichertem Gut vernichtet werden.

Bei jeder Rückversicherung trägt zwar ein bestimmtes Versicherungsunternehmen gegenüber dem Versicherten die volle Haftung für das gesamte versicherte Risiko, der Versicherer aber gibt nach eigenem Ermessen einen Teil dieses Risikos samt dem entsprechenden Anteil der Prämie an einen, zumeist aber an mehrere Versicherungsunternehmen weiter („Retrozession“). Bei besonders hohen und teuren Risiken – wie etwa in der Verkehrsmittel-, Atomhaftpflicht- oder Industrieversicherung – trägt der „Erstversicherer“ nur einen kleinen Teil, der Rest wird praktisch über den ganzen Erdball in winzige Portionen verteilt („atomisiert“), so daß Dutzende oder gar Hunderte Rückversicherer die Prämie und damit die Gefahr miteinander teilen. Tritt der Schadenfall ein, zahlen die Rückversicherer an den Erstversicherer entsprechend der vorher vereinbarten Risikoaufteilung anteilig die Kosten, damit ist die Risikostreuung weltweit. Der Versicherungskunde erfährt von dieser Verteilung seines Risikos auf viele andere Versicherer nichts.

Zu den weltweit größten Rückversicherern zählen die „Münchener Rück“ und die „Schweizer Rück“, erst dahinter kommt der amerikanische Rückversicherer „General Re“ und der deutsche „Gerling“-Konzern. In Österreich gibt es seit 1869 als professionelle Rückversicherer die „Wiener Rück“, deren Hauptaktionäre die „Wiener Städtische“ und die „Bundesländerversicherung“ sind, sowie die „Generali Rück“; beide haben am Weltrückversicherungsmarkt allerdings nur Promilleanteile. Die „Wiener Rück“ wurde 1989 etwa vom Wirbelsturm „Hugo“, der in der Karibik und in den USA wütete, von der Explosion der Phillips-Raffinerie in Texas oder von den verheerenden Winterstürmen Anfang 1990 belastet.

Wie das Rückversicherungsgeschäft läuft

Die älteste Form ist die proportionale oder „Summenrückversicherung“; dabei bestimmt der Erstversicherer seinen Selbstbehalt, und die Rückversicherer übernehmen das restliche Risiko, bekommen die entsprechenden Prämienprozentsätze und haften im selben Ausmaß für den Schaden. In letzter Zeit setzt sich eher die „nichtproportionale Rückversicherung“ („Schadenexzedentenversicherung“ oder „excess of loss“) durch; dabei bestimmt der Erstversicherer, bis zu welcher Höhe er den ganzen Schaden selbst verkraftet; erst wenn dieser Betrag im Schadenfall überschritten wird, springt der Rückversicherer ein.

„Passive Rückversicherung“ heißt die Abgabe von Risiken durch den Erst- an die Rückversicherer; „aktive Rückversicherung“ heißt das Übernehmen von Risiken durch den Rückversicherer. Weltweit sind aktive und passive Rückversicherung ausgeglichen, länderweise betrachtet kann jedoch das Rückversicherungsgeschäft einen Nettogewinn oder einen Nettoverlust verursachen, je nachdem, ob die Prämienabgaben oder die -einnahmen überwiegen. Die Rückversicherungspolitik der Versicherungen kann also die Zahlungsbilanz ihres Heimatlandes belasten oder (bei Überwiegen des aktiven Rückversicherungsgeschäfts) entlasten. In Österreich wirkte die Rückversicherung in den letzten Jahren mehrheitlich zahlungsbilanzentlastend.

Trotz dieser kompliziert anmutenden Praktiken läuft das Rückversicherungsgeschäft ziemlich einfach ab: Man tauscht zumeist keine umfangreichen Verträge aus, sondern einer vertraut dem anderen, daß die gegenseitigen Abrechnungen und Geldüberweisungen den vorher getroffenen Grundvereinbarungen bis auf das I-Tüpfelchen entsprechen. Wird dieser Vertrauensgrundsatz aber einmal mißachtet, so ist man in der leicht überschaubaren Rückversicherungswelt „unten durch".

Heute sind weltweit rund 400 hauptberufliche Rückversicherer und etwa 2800 gemischte Gesellschaften (die gleichzeitig Erst- und Rückversicherung betreiben) tätig. Der wertmäßige Umfang der Rückversicherung (abgegebene Quote der Erstversicherung) erreicht länderweise 10 bis 20 Prozent des Erstversicherungsgeschäfts.

Die vielen Aufgaben der Rückversicherung

Die Rückversicherung gibt nicht nur den inhomogen verlaufenden Sachschadenversicherungen eine materielle Absicherung, sondern auch neuen Versicherungen Starthilfe für die schwierige Gründungsphase und sorgt für einen stets ausgeglichenen Geschäftsverlauf bei den Erstversicherern, indem sie durch Häufung von hohen Schadenzahlungen verursachte Belastungsspitzen abfängt. Die Rückversicherung stellt auch eine Art höhere Instanz für die korrekte Kalkulation der Prämien dar: Verschätzt sich ein Erstversicherer bei der Risikobeurteilung grob zu seinen Ungunsten oder verrechnet er im Konkurrenzkampf gezielt zu geringe Prämien, wird er von keinem Rückversicherer (der dabei ebenfalls zuwenig Prämienanteil überwiesen bekommt) akzeptiert werden. Die weltweite Schadenserfahrung der Rückversicherer ist daher ein heilsames Korrektiv für allzu billige Erstversicherer. Eine neue Aufgabe für Rückversicherer ist das „Risk Management", die Einschätzung und Verteilung von Mammutrisiken, etwa im „neuen Osten" Europas.

Rückversicherungen werden nur auf ein Jahr abgeschlossen; schlechter internationaler Schadenverlauf in einer bestimmten Sparte bewirkt daher in kurzer Frist eine Forderung der Rückversicherer nach höheren Prämien.

Die Drehscheibe des weltweiten Rückversicherungsgeschäfts ist London, wo auch die meisten Rückversicherungs-Makler („Broker", die zwischen Erst- und Rückversicherern gegen Provision Kontakte herstellen) ihren Sitz haben. Doch der eigentliche Erfahrungsaustausch und die wichtigsten Geschäftsabschlüsse der Rückversicherer finden jährlich im September im prominenten Mittelmeerbadeort Monte Carlo statt. In den Luxushotels rund ums dortige Spielcasino ist der für die Bedingungen der internationalen Rückversicherung ausschlaggebende Marktplatz; hier werden Großrisiken „fakultativ“ placiert und die Aufteilung ganzer Versicherungsbestände (der „obligatorischen Vertragsrückversicherung“) vereinbart.

Die weltweiten Überkapazitäten der Rückversicherer zeitigen gegenwärtig eher mäßige wirtschaftliche Ergebnisse. Daher streben die Rückversicherer, etwa unter Hinweis auf den Treibhauseffekt, eine deftige Prämienanhebung an. In den letzten 20 Jahren hat sich die Zahl der Sturmkatastrophen weltweit von 8 auf 29 im Jahr mehr als verdreifacht, die Schadensumme gleichzeitig von 20,5 auf 34,3 Milliarden US-Dollar erhöht; dies nicht zuletzt, weil durch die Zunahme der Versicherungsdichte der Anteil der versicherten Schäden am gesamten volkswirtschaftlichen Schaden von Naturkatastrophen stetig zunimmt.

Die weltweite Wertekonzentration, das zunehmende Anspruchsdenken in den USA mit der Durchsetzung von Milliardenforderungen aus der Produkthaftpflicht gegenüber wohlhabenden Weltkonzernen sowie die Sorge vor einer Häufung von Naturkatastophen dürfte eine weitere kontinuierliche Zunahme des Rückversicherungsgeschäfts bringen.

Staat und Versicherungen

Alle Staaten der Erde, auch die Republik Österreich, haben zu den Versicherungen ein zwiespältiges Verhältnis: Einerseits soll der Staat die Tätigkeit, die Geldveranlagung, die Geschäftsbedingungen der Versicherungen streng kontrollieren, andererseits zieht er vielfältige Vorteile aus ihrem Geschäft: Der Staat verdient an jedem Versicherungsvertrag mit, und auch ein schöner Teil der Staatsschulden wird von den Versicherungen finanziert. Der Staat ist somit gleichzeitig Wächter und Begünstigter der Versicherungen.

Seit dem Fall der „Phönix"-Lebensversicherung im Jahr 1936 hat es in Österreich keine einzige Versicherungspleite mehr gegeben. Doch kein Land ist vor Zusammenbrüchen von Versicherungen gefeit. In allen entwickelten Ländern ist heute die Gesellschaft davon überzeugt, daß eine Unternehmensgruppe, die auf derart lange Zeiträume hin so hohe Geldsummen und für die menschliche Existenz so wichtige Leistungen zu erbringen hat wie gerade die Versicherungen, einer behördlichen Aufsicht bedarf.

Deswegen schaut der Staat streng darauf, daß die privaten Versicherungen seriös arbeiten, daß sie alle Kunden gleich und fair behandeln, daß nicht notleidende Versicherungssparten von gewinnbringenden Sparten unterstützt („kreuzsubventioniert") werden, sondern daß jede Versicherungssparte möglichst in sich selbst ausgeglichen wirtschaftet („suffizient“ ist), daß jedes einzelne Versicherungsunternehmen immer genügend und rasch verflüssigbare Rücklagen hat, damit es bei einer unvorhergesehenen Häufung großer Schäden nicht in Zahlungsschwierigkeiten schlittert. Für die Schaden-Unfall-, die Lebens- und die Krankenversicherung sind vom Staat getrennte Erfolgsrechnungen vorgeschrieben.

Für alle Personenversicherungen (Leben, Kranken, Unfall) – wo der Kapitalumschlag, das ist die durchschnittliche Zeitspanne zwischen Prämieneinzahlungen und Versicherungsleistungen, bei etwa 15 Jahren liegt – sowie für Sachversicherungen, die in Rentenform geleistet werden (etwa in der Kfz- oder allgemeinen Haftpflichtversicherung), muß ein genügend großer Deckungsstock angelegt werden; das sind real vorhandene Kapitalanlagen, die sicher, rentabel, ertragbringend und mobil (jederzeit verflüssigbar) sein müssen. Für den Deckungsstock eignen sich daher keine reinen Land- und Forstbesitze, weil sie im Notfall nicht schnell genug zu ihrem wahren Marktwert verkauft werden können; sehr wohl eignen sich für den Deckungsstock Wohn- und Geschäftshäuser, Darlehen an Staat und Bundesländer, Schuldverschreibungen (Anleihen), Hypothekardarlehen auf inländische Liegenschaften, Aktien, Genußrechte, Investmentzertifikate, Partizipationsscheine und jede Form von flüssigen Guthaben. Für die richtige Mischung dieser „deckungsstockfähigen“ Kapitalanlagen gibt der Staat Höchst-Prozentsätze vor. Die dem Deckungsstock gewidmeten Vermögenswerte dürfen nur mit dem (niedrigeren) Bilanzwert und nicht mit dem (bei Immobilien oft weit höheren) Marktwert auf das Deckungserfordernis angerechnet werden; der eigentliche Wert des Deckungsstocks ist daher meist höher, als er in den Versicherungsbilanzen gesondert ausgewiesen werden muß. Für alle Sachversicherungssparten - wo der Kapitalumschlag durchschnittlich nur 3 bis 5 Jahre beträgt - muß eine ausreichende Bedeckung der aktuellen technischen Verbindlichkeiten vorhanden sein; dafür gelten ähnliche Vorschriften wie für den Deckungsstock.

Der Staat kontrolliert auch die allgemeinen Versicherungsbedingungen und damit das Kleingedruckte auf der Polizze; ja bis vor wenigen Jahren hat der Staat sogar die Tarife der österreichischen Kfz-Haftpflichtversicherung haarklein geregelt, und in der Schweiz legt die Behörde auch heute noch die Prämienhöhen fest.

Diese Tätigkeit des Staates nennt man Versicherungsaufsicht; sie wird in Österreich von einer eigenen Gruppe des Finanzministeriums mit vier Abteilungen besorgt.

Die Aufgaben der Versicherungsaufsicht

In Österreich besteht für Versicherungen seit 1852 die Konzessionspflicht. Seit 1880 gibt es das

Versicherungsaufsichtsrecht, das im September 1990 den Erfordernissen des großen europäischen Markts angepaßt wurde; es ist Teil des Verwaltungsrechts. Die Einführung der staatlichen Versicherungsaufsicht in Österreich vor gut 110 Jahren war eine Folge des großen Börsenkrachs 1873, in dessen Folge nicht nur viele Banken und Industriefirmen, sondern auch mehrere Versicherungen zugrunde gegangen sind. Das Versicherungsaufsichtsrecht ist die Folge in- und ausländischer Wirtschaftskatastrophen, in deren Gefolge Tausende Menschen ihr Vermögen, ihre Alterssicherung, ihren Notgroschen und künftige Ansprüche an die Versicherungen eingebüßt haben.

Die Versicherungsaufsicht sorgt dafür, daß die schutzwürdige Mehrheit der Versicherungskunden nicht von einer Minderheit potenter Mammutkonzerne übervorteilt wird; sie sorgt auch dafür, daß die Versicherungen nicht infolge allzu harter Konkurrenz untereinander Schaden erleiden und so eingegangene Verpflichtungen nicht mehr erfüllen können.

Der Schutz der Kunden erstreckt sich nicht nur auf Versicherungsnehmer, sondern auch auf alle anderen Personen, die Ansprüche auf die Leistung einer Versicherung (etwa bei einer Lebensversicherung nach dem Tod des Vertragsinhabers) haben. Der staatliche Versicherungsschutz erstreckt sich weiters sowohl auf das Primärgeschäft, auf den unmittelbaren Vertrag zwischen Kunde und Erstversicherer, als auch auf das Sekundärgeschäft, also auf die Weitergabe von Anteilen eines Versicherungsvertrags und der entsprechenden Prämie vom Erstversicherer an eine andere Versicherung.

Die Versicherungsaufsichtsbehörde übt von der Zulassung bis zur Liquidation einer Versicherung eine begleitende Kontrolle aus: Sie muß sich ständig ein möglichst lückenloses Bild der finanziellen und wirtschaftlichen Lage verschaffen.

Bei der staatlichen Versicherungsaufsicht gibt es drei unterschiedlich strenge Spielarten:

- Das eher lose, liberale „Publizitätssystem“, das sich auf die behördliche Zulassung und auf die Pflicht zu detaillierter Veröffentlichung der Bilanzen (Jahresabschlüsse) der Versicherungen beschränkt; es gibt den Versicherungen breiten Spielraum, fördert den Wettbewerb und damit die Differenzierung der Tarife (Prämien), nimmt jedoch auch die für die Versicherten negativen Folgen des Wettbewerbs bis hin zum Konkurs in Kauf.
- Das mittelstrenge „Normativsystem“, das aus den schlechten Erfahrungen von Versicherungspleiten entstanden ist, den Versicherungen die Haltung von bestimmten Eigenmitteln, Mindestkapitalanlagen und Vertragsbedingungen vorschreibt sowie das Rechnungswesen und den Geschäftsbetrieb von Versicherungen der staatlichen Kontrolle unterwirft.
- Die „materielle Versicherungsaufsicht“, die den höchsten Regulierungsgrad von Versicherungen darstellt, erstreckt ihre Kontrollen auf die gesamte Geschäftstätigkeit der Versicherungen einschließlich der stark zunehmenden Ausglie-

derung wichtiger Teile aus der Geschäftsgebarung; sie gewährt so den Versicherten und allen anspruchsberechtigten dritten Personen ein hohes Maß an Schutz vor Übervorteilung, bewahrt die Versicherungen vor Insolvenzen, sichert ihnen aber auch wirksamen Marktschutz und beeinflußt weitgehend Kosten und Preiselastizität in der Vertragsversicherung.

Die materielle Versicherungsaufsicht verfügt über Bestrafungsmöglichkeiten, um ihre Vorschriften durchzusetzen: Es sind das behördliche Anordnungen, die Einsetzung eines Regierungskommissärs, die Absetzung der Geschäftsführung von Versicherungen, im äußersten Fall der Entzug der Konzession.

Die strenge materielle Versicherungsaufsicht gibt es gegenwärtig nur noch in fünf europäischen Ländern: Nach der Intensität des Behördendurchgriffs auf die Versicherungen steht derzeit die Schweiz an der Spitze, gefolgt von Deutschland und auf dem dritten Platz Österreich. Trotz des Bestrebens der Europäischen Gemeinschaft zu möglichst liberalen Regeln für den Versicherungsbereich im geplanten EG-Binnenmarkt ab dem Jahr 1993 zu kommen, haben derzeit Frankreich und Italien noch verhältnismäßig strenge Versicherungsaufsichtsbestimmungen; weit liberaler ist die Versicherungsaufsicht in Schweden, Spanien und Portugal. Je westlicher, um so liberaler, ist offenbar die Regel der Versicherungsaufsicht: Am freizügigsten ist die Versicherungsaufsicht derzeit in den Niederlanden, in England und in Irland.

In Übersee hat Japan ein eher strenges Versicherungsaufsichtsrecht, in den USA ist es von Bundesstaat zu Bundesstaat sehr verschieden.

In den Staaten des europäischen Ostens gab es während der kommunistischen Kommandowirtschaft keine Versicherungsaufsicht, da die staatlichen Versicherungen Unternehmer und Kontrollore in einem gewesen sind; nach dem Wechsel „von Marx zum Markt" haben manche Oststaaten ganz neu Versicherungsaufsichtsbehörden eingeführt bzw. wollen dies demnächst tun.

„Markteintrittsgebühr" für Versicherungen

Seit 1986 legt die Versicherungsaufsicht in Österreich die Höhe der Mindest-Kapitalausstattung (Solvabilität) von Versicherungen fest. Es ist das ein gesetzlich bestimmter Geldbetrag, der – bar eingezahlt als fixer Eigenmittelsatz – eine Art „Eintrittsgebühr", eine nicht leicht zu bezwingende Schwelle zum grundsätzlich freien Versicherungsmarkt darstellt. Die in Österreich weitgehend EG-konformen flexiblen Eigenmittelsätze in Prozent der Prämien oder Leistungen, in der Lebensversicherung der Deckungsrückstellung, dienen ausschließlich der Sicherung der Erfüllbarkeit der Verpflichtungen aus Versicherungsverträgen.

- Bei Kompositversicherern (das sind Versicherungsunternehmen, die mindestens zwei der vier Spartenabteilungen Leben, Kranken, Unfall, Schaden betreiben) müssen zumindest 100 Millionen Schilling an Eigenmitteln vorhanden sein,
- für Versicherungen, die nur *eine* der vier Spartenabteilungen betreiben, sind 70 Millionen Schilling Eigenmittel vorgeschrieben,
- für Versicherungen, die bloß die Rechtsschutz-, Kredit- oder Transportsparte oder eine eingeschränkte Schaden- und Unfallversicherung betreiben, gilt eine Eigenkapital-Mindestausstattung von 30 Millionen Schilling.

Diese Solvabilitätssätze für Österreich liegen deutlich höher als im Durchschnitt der EG: In der Zwölfergemeinschaft gibt es derzeit nur einen Eigenmittel-Mindestsatz von 1,6 Millionen ECU, das sind umgerechnet 23 Millionen österreichische Schilling. Der Marktzutritt für Versicherer ist in der EG derzeit also deutlich „billiger“ als in Österreich. In der Schweiz und in Skandinavien sind die vorgeschriebenen Mindesteigenmittel ähnlich hoch oder etwas höher als in Österreich.

Versicherungssteuer als Konkurrenzschutz

Die Versicherungssteuer ist sowohl für den Staat wie auch für die Versicherungen eine vorteilhafte

Angelegenheit, nicht so für die Versicherungskunden. Letztere sind nämlich die eigentlichen Steuerschuldner, die Versicherungen sind nur zur pünktlichen Abführung der Steuer verpflichtet.

Für den Staat ist die Versicherungssteuer eine besonders bequeme Einnahmequelle, wie er sie selten hat: Die Versicherungen spielen die unsympathische Rolle des Eintreibers, kassieren gemeinsam mit ihrer Prämie die Steuer bei allen Versicherungsnehmern gratis ein und führen sie an den Finanzminister ab. Dieser hat dabei weder Verwaltungskosten noch Sorgen mit Steuerhinterziehern oder -rückständen.

In Österreich bringt die Versicherungssteuer dem Staat Jahr für Jahr einen ansehnlichen Batzen Geld: 1988 waren es 4,15 Milliarden Schilling, 1989 fast 5 Milliarden, 1990 bereits 5,3 Milliarden; das ist beinahe ebensoviel, wie sämtliche Einfuhrzölle dem Finanzminister einbringen.

Paradox, aber wahr: Auch die Versicherungen freuen sich über die derzeitige Regelung der Versicherungssteuer in Österreich. Denn hier gibt es – wie derzeit nur noch in Kanada – einen deftigen Steueraufschlag, wenn man sich bei einer eventuell billigeren oder in ihren Randbedingungen entgegenkommenderen Versicherung im Ausland versichern läßt. Wer außerhalb Österreichs einen Versicherungsvertrag abschließt, zahlt den fünffachen (!) Steuersatz, wodurch jeder mögliche Kostenvorteil einer Auslandsversicherung verlorengeht. Durch diese „Fluchtsteuer“ wird es für Österreicher ziemlich uninteressant, sich im Ausland versichern zu lassen. Für die heimischen Versicherungen ist diese Regelung also ein überaus willkommener Schutz vor ihren Konkurrenten außerhalb der österreichischen Grenzen.

Befreiungen von der „Fluchtsteuer“ sind spärlich: Risiken, die in Österreich nicht versicherbar sind und nur im Ausland untergebracht werden können, sind von der Fluchtsteuer ausgenommen, ebenso das Luftfahrtrisiko, das aus volkswirtschaftlichen Gründen vorwiegend im Ausland placiert wird.

Die Versicherungssteuer ist eine Verkehrssteuer; sie wird als prozentueller Aufschlag auf jede in Österreich vorgeschriebene Prämie berechnet:

- Am geringsten ist sie mit 1 Prozent bei der Krankenversicherung;
- bei Unfall- und Lebensversicherungen macht sie 3 Prozent aus;
- am teuersten ist sie mit 10 Prozent bei allen Sach- oder Schadenversicherungen.

Die Verfünffachung der Versicherungssteuer – wenn ein Österreicher im Ausland eine Versicherung unterschreibt oder im Inland einen sogenannten „Korrespondenzvertrag“ mit einer ausländischen Versicherung abschließt – bedeutet also

- bei der Krankenversicherung eine Belastung mit 5 (statt 1) Prozent,
- bei der Unfall- und Lebensversicherung eine Belastung mit 15 (statt 3) Prozent,
- bei der Sachversicherung eine Belastung mit 50 (statt 10) Prozent – was nicht weniger als der Hälfte der Versicherungsprämie entspricht!

Diese schützende Fluchtsteuer wird daher von den österreichischen Versicherungen mit Zähnen und Klauen verteidigt. Es ist allerdings damit zu rechnen, daß im Zuge einer künftigen Teilnahme Österreichs am EG-Binnenmarkt, spätestens aber im Gefolge einer umfassenden internationalen Vereinbarung über die Befreiung der Finanzdienstleistungen von allen noch bestehenden Handelsbeschränkungen (im Rahmen des sogenannten „GATS“ – eines Teils der Uruguay-Runde des allgemeinen Zoll- und Handelsabkommens GATT) die österreichische Versicherungs-Fluchtsteuer abgeschafft werden muß; dies würde dem Finanzminister einen Einnahmenausfall von rund 2 Millionen Schilling im Jahr bescheren; so hoch sind zur Zeit seine Erlöse aus dieser „Strafsteuer“.

Gelegentlich wird versucht, dieser kostspieligen Versicherungsfluchtsteuer zu entkommen: Man schließt einfach mit einer im Ausland beheimateten Versicherung einen Vertrag ab und meldet dies – gesetzwidrig – nicht dem Finanzamt für Gebühren und Verkehrssteuern in Wien. Das mag lange Zeit hindurch gutgehen. Problematisch wird die Sache erst dann, wenn ein Schadenfall eintritt und die ausländische Versicherung einen ansehnlichen Betrag an ihren Kunden in Österreich rücküberweist; erst dann wird der Fiskus plötzlich aufmerksam und erkundigt sich nach dem Grund dieses Geldtransfers. Die Folgen können teuer sein und den materiellen Vorteil aus einer Auslandsversicherung bei weitem übersteigen: Man muß dann nämlich nicht nur die früher ersparte Fluchtsteuer nachzahlen, sondern auch eine beträchtliche Finanzstrafe berappen.

Besonders Umsichtige, die steuerschonend vorgehen, pflegen daher sowohl ins Ausland zu reisen, wenn sie kostengünstige Versicherungsverträge abschließen, als auch dann, wenn sie einschlägige Schadenersatzzahlungen kassieren. Die Zahl derart illegaler, nicht mit Fluchtsteuer belegter Auslandsversicherungen in Österreich ist unbekannt.

Versicherungsförderung in Österreich

Der Staat tritt jedoch nicht nur als Nehmer, sondern auch als Geber, als Förderer der Versicherungen auf: Er unterstützt den Abschluß von Personenversicherungen durch die Gewährung von Steuerfreibeträgen, die die persönliche Steuerschuld vermindern; je höher Einkommen oder Lohn sind, um so höher ist dabei die Steuerersparnis.

Steuerlich begünstigt sind derzeit alle reinen persönlichen Risikoversicherungen, wie Ablebens-, Kranken- und Unfallversicherungen, sowie alle Erlebensversicherungen mit mindestens 20jähriger Laufzeit, wo die Versicherungssumme im Er- und Ablebensfall sofort fällig wird; reine Sparversicherungen werden nicht gefördert.

Mit der ersten Etappe der Lohn- und Einkommensteuerreform in Österreich, die mit Jahresbeginn 1989 in Kraft getreten ist, wurde je Steuerpflichtigem ein Höchstbetrag von 40000 Schilling im Jahr für Sonderausgaben festgelegt; Alleinverdiener können ein zweitesmal dieses Sonderausgabenpauschale geltendmachen; für jedes Kind gibt es zusätzlich 5000 Schilling (ein Ehepaar mit zwei schulpflichtigen Kindern verfügt so über einen Sonderausgaben-Höchstbetrag von 90000 Schilling). Vom Gesamtbetrag der geltendgemachten Sonderausgaben wird die Hälfte (im obigen Beispiel also 45000 Schilling pro Jahr) vom lohn- bzw. einkommensteuerpflichtigen Einkommen abgezogen, wodurch die persönliche Steuerlast verringert, dem Staatssäckel aber ein Steuerausfall beschert wird.

Wieviel diese staatliche Förderung von Personenversicherungen kostet, kann nur roh geschätzt werden. Denn in den gemeinsamen „Topf" von steuerbegünstigten Ausgaben fällt neben Lebens-, Unfall- und Krankenversicherung auch der Erwerb junger Aktien sowie der Aufwand für die Schaffung von Wohnraum. Die Mindereinnahmen des Finanzministers aufgrund aller dieser Förderungen hat 1990 zusammen runde 12 Milliarden Schilling ausgemacht, wovon eine schwache Hälfte – an die 5 Milliarden Schilling – auf die Förderung von Personenversicherungen entfallen dürfte. Damit verliert der Staat durch die steuerliche Förderung von Personenversicherungen beinahe ebensoviel Geld, wie er durch die Versicherungssteuer einnimmt.

Versicherungen als Staatsfinanciers

Doch der Staat hat durch die Versicherungen auch noch andere finanzielle Vorteile: Ein Teil der Staatsschuld wird durch Versicherungsdarlehen gedeckt. Ende Oktober 1990 hatte die Republik Österreich einen Gesamtschuldenstand von 862 Milliarden Schilling; davon waren 61 Milliarden oder 7 Prozent mittels direkter Versicherungsdarlehen finanziert. Darüber hinaus besitzen die österreichischen Versicherungen in ihrem Portefeuille (Deckungsstock) auch noch Schuldverschreibungen (Anleihen) des Staates; Ende Oktober 1990 waren das rund 30 Milliarden Schilling.

Die staatliche Aufsicht über die Versicherungen ist weltweit die älteste und durchgreifendste Einrichtung des Konsumentenschutzes. Dazu kommt noch das gesamtwirtschaftliche Interesse an einer funktions- und leistungsfähigen Assekuranz besonders aus einkommens-, sozial- und rechtspolitischen Gründen.

Versicherungen und Wirtschaft

Versicherungen sind ein Teil der Wirtschaft. Sie zählen zum tertiären Bereich, sind also eine Dienstleistungsbranche. In der modernen Wirtschaftsordnung erbringen die Versicherungen – ähnlich Banken oder Sparkassen – Finanzdienstleistungen; sie speichern hohe Geldbeträge und stellen diese Kapitalien jenen zur Verfügung, die investieren, also Geld produktiv einsetzen.

Im Gegensatz zur staatlichen Sozialversicherung, die nach dem „Umlageverfahren" funktioniert – die Beiträge der Pflichtversicherten werden nicht gespart, sondern sogleich an die Bezugsberechtigten umverteilt –, arbeiten die privaten Versicherungen nach dem „Kapitaldeckungsverfahren" – die einbezahlten Prämien werden gewinnbringend angelegt und oft erst Jahrzehnte später samt Gewinnbeteiligung an die Versicherten ausbezahlt. So verwandeln Versicherungen kurzfristiges Geld in langfristige Investitionen; sie sind einerseits Risikoträger und wirtschaftliches Sicherheitspolster für ihre Kunden, andererseits bedeutende Geldanleger.

Wichtige Aufgabe jeder Versicherung ist das Finanzmanagement: Wo soll wieviel der vereinnahmten Prämien ertragreich angelegt werden? Es geht dabei nicht nur um die Erzielung eines möglichst hohen Zinssatzes, sondern auch um die Einschätzung der Sicherheit der geplanten Geldanlage und um die Beurteilung, wie schnell sich bei dringendem Bedarf diese Anlage in bares Geld zurückverwandeln läßt.

Bei ihrer Anlageentscheidung stehen die Versicherungen vor demselben Dilemma wie jeder andere, der ein bestimmtes Kapital vermehren möchte: im Spannungsfeld zwischen Rentabilität und Sicherheit. Die ertragreichsten Anlagen sind in der Regel die unsichersten und spekulativsten; je sicherer die Anlage ist, um so geringer ist ihr Ertrag. Im Prinzip geht es darum, das den Versicherungen von ihren Kunden anvertraute Geld optimal arbeiten zu lassen, damit es sich einerseits vermehrt und Gewinne abwirft, andererseits gerade dann verfügbar ist, wenn mehrere kostspielige Schäden eintreten und materiell entschädigt werden müssen. Besonders heikel ist die Anlage bei der Lebensversicherung, wo relativ hohe Beträge – auf Jahrzehnte hinaus gesammelt, sicher verwahrt und ertragreich angelegt – einen Kapitalstock bilden, aus dem später eine regelmäßige Rentenzahlung (Zusatzpension) für einen nicht mehr Erwerbstätigen finanziert werden muß.

Vermögensanlagen der Versicherungen

Wieviel der Kapitalanlagen auf welche Veranlagungsart entfällt, hängt von den Vorschriften der Versicherungsaufsichtsbehörde, innerhalb des von ihr gezogenen Freiheitsraums von der wechselhaften Lage des Kapitalmarkts, von den Zinstendenzen auf den Finanzmärkten und vom Geschick der Anlagemanager ab.

Die Bedeutung der Versicherungen innerhalb der Geldvermögensrechnung der österreichischen Volkswirtschaft hat sich in den letzten Jahren auf Kosten der Banken erhöht. Bei Kapitalanlagen in festverzinslichen Inlandsanleihen haben die Banken im letzten Jahrzehnt ihren Anteil von 88,6 auf 67,3 Prozent verringert; die Versicherungen haben den ihren von 9,7 auf 15,6 Prozent erhöht. Im abgelaufenen Jahrzehnt haben sich die Versicherungsanlagen fast vervierfacht, seit 1968 sind sie auf mehr als das Vierzehnfache gestiegen. Ende 1990 hatte die österreichische Versicherungswirtschaft mehr als 250 Milliarden Schilling an Kapitalanlagen; weniger als ein Viertel davon waren Darlehen an den Bund.

Die Vermögensanlagen der Lebensversicherungen betrugen 1989 rund 147,5 Milliarden Schilling und erreichten damit fast das Vermögen aller österreichischen Investmentfonds (150,6 Mrd. S).

Bei der Zusammensetzung dieser Kapitalanlagen dominieren seit 1989 inländische Wertpapiere; sie haben einen Wert von gut 97 Milliarden Schilling (42,75 % an den Gesamtanlagen) erreicht. Mehr als ein Drittel davon sind Anleihen des Staates oder der Bundesländer; über den Erwerb von solchen Anleihen der öffentlichen Körperschaften durch die Versicherungen, die zu den „institutionellen Anlegern" zählen, finanzieren diese wichtige

Vorhaben des Staates oder der Bundesländer mit. Nur ein kleiner Teil der Wertpapiere im Portefeuille der österreichischen Versicherungen sind Aktien.

Auf dem zweiten Platz unter den Veranlagungen der Versicherungen stehen Schuldscheinforderungen (Darlehen), die Ende 1989 gut 91 Milliarden Schilling Wert erreichten (40%); zwar nehmen auch Banken, Privatleute oder Unternehmen Versicherungsdarlehen auf, doch führen die öffentlichen Hände (Staat, Länder) als Darlehensnehmer mit knapp 80% Anteil und finanzieren so einen Teil ihrer Budgets.

Auf dem dritten Platz rangieren Grundstücke mit fast 21 Milliarden Schilling (9,1% Anteil) Ende 1989, gefolgt von kurzfristigen Geldern mit 10,4 Milliarden (4,6%), Beteiligungen an Unternehmen mit 4,5 (2%) sowie Bundesschatzscheinen mit 2,4 Milliarden (1%).

In Großbritannien, Frankreich und Japan sind die Anteile von Aktienbesitz und Firmenbeteiligungen an den Kapitalanlagen der Versicherungen weit höher als in Österreich.

Die Erträge der österreichischen Lebensversicherungen aus ihren Kapitalanlagen machten 1988 mehr als 36 Prozent ihrer Prämieneinnahmen aus und waren damit um ein Drittel höher als ihre summierten Abschluß- und Verwaltungskosten (24%); in der Krankenversicherung erreichten die Anlageerträge nur 9,4 Prozent, während ihre Gesamtkosten 15,5 Prozent an den Prämien ausmachten; in der Schaden- und Unfallversicherung betrugen die Vermögenserträge 7, die Gesamtkosten 32 Prozent.

Man kann in Österreich relativ leicht Mitbesitzer einer Versicherung werden: Von den 70 in Österreich tätigen Versicherungen sind 44 Aktiengesellschaften sowie je 13 Versicherungsvereine auf Gegenseitigkeit und Zweigniederlassungen ausländischer Versicherungsunternehmen; die Anteilscheine von „Erster Allgemeiner", „Interunfall", „Allianz" und „Bundesländerversicherung" werden an der Wiener Börse notiert; außerdem bietet die „Bundesländerversicherung" Partizipationsscheine (PS) an. Versicherungsaktien gelten als „defensive", „fundamentale" oder „azyklische" Werte, die von Konjunkturschwankungen weniger getroffen werden als sogenannte „blue chips".

Dennoch, so meinte einer der Vizepräsidenten des österreichischen Versicherungsverbandes, Dr. Dietrich *Karner*, Ende 1990, erreiche rund ein Drittel der Versicherungen derzeit noch nicht die ab 1994 nötige Eigenmittel-Ausstattung.

Die Versicherungen sind, nach den Banken, die zweitgrößten „Finanzintermediäre", die innerhalb der Volkswirtschaft Kapital vermitteln, die Geldströme vom Anleger zum Kreditnehmer lenken und die wichtige Rolle eines „Kapitalsammelbeckens" spielen.

Der Versicherungsbetrug

Kapital lockt Kriminelle an. Da es bei den Versicherungen um viel Geld geht, gibt es auch viel Betrug. Seit es Versicherungen gibt, wird versucht, sie zu betrügen, ihnen durch Vorgaukeln getürkter Schäden ungerechtfertigt Geld abzujagen.

Der Fall „Lucona“ ist weit über Österreich hinaus der aktuellste und spektakulärste Fall vermuteten Versicherungsbetrugs: Eine abgewrackte Industrieanlage wurde 1976 hoch versichert, im italienischen Hafen Chioggia auf einen panamaischen Frachter gepackt und nach dem Fernen Osten geschickt, wo Ende Jänner 1977 Schiff und Fracht nach einer Explosion auf offener See im Indischen Ozean versanken. Die „Bundesländerversicherung“ in Wien sowie ein Rattenschwanz von Mit- und Rückversicherern trugen einen jahrelangen erbitterten Kampf um die Zahlung von mehr als 600 Millionen Schilling Schadenersatz an die Schweizer Zapata AG aus. In der Schweiz und in Österreich haben Erstgerichte auf Versicherungsbetrug erkannt und damit in- und ausländischen Assekuranzen einen gewaltigen Aderlaß erspart; in der Schweiz wurden 1990 die Geschäftsführer der Zapata AG, Erwin Egger und Greta Fischer, wegen Urkundenfälschung und versuchten Betrugs im Fall „Lucona“ verurteilt, in Wien 1991 Udo Proksch wegen versuchten Betrugs.

Warum und wie Versicherungen betrogen werden

Der Versicherungsbetrug (ein Vermögensdelikt) wird – ähnlich wie Steuerhinterziehung oder Alkohol hinterm Lenkrad – gemeinhin als Kavaliersdelikt gewertet. Es geht ja in der Regel darum, daß eher unbegüterte Durchschnittsmenschen einer „reichen" Versicherung ein paar Schilling abluchsen möchten.

Tatsächlich wird als häufiges Motiv für Versicherungsbetrug die soziale Bedürftigkeit unterprivilegierter Gruppen erkannt; daneben gibt es auch das Motiv Rache – wenn man sich von einer Versicherung um einen scheinbar gerechtfertigten Anspruch geprellt meint –, und das Motiv der Begehrlichkeit – wenn Begüterte ihre Versicherung „schnalzen", weil sie meinen, daß sie nach Jahren der Schadenfreiheit endlich Anspruch auf „Belohnung" hätten. Ein weiterer Antrieb für Versicherungsbetrug ist die Leichtgläubigkeit vieler Versicherungen beim Abschluß von scheinbar lukrativen Verträgen (sie unterlassen etwa die Besichtigung des Risikos, wie z. B. im „Fall Lucona") oder bei der Aufnahme von Schadenmeldungen, die deutlich außerhalb der Norm liegen. Auch lässige Versicherungen sind also schuld daran, daß sie von Gevieften betrogen werden.

Der Phantasie von Versicherungsbetrügern sind anscheinend keine Grenzen gesetzt; die Formen des Versicherungsbetrugs sind Legion, doch es kristallisieren sich einige typische „Leger“ heraus:

- Ein Versicherungsvertrag wird bereits in Täuschungsabsicht mit falschen Angaben (etwa über Werte oder Risikolagen) abgeschlossen,
- ein zufälliger Schaden wird gezielt vergrößert,
- ein Schaden wird absichtlich herbeigeführt,
- ein Schaden wird nur vorgetäuscht.

Für alle diese Formen gibt es unzählige Beispiele aus dem bunten Menschenleben: Ein Unternehmer, der finanzielle Probleme hatte, hackte sich einen Finger ab, um aus der Invalidität neues Firmenkapital zu schlagen; der Betrug flog auf, als man im blutgetränkten Arbeitshandschuh deutliche Spuren eines Betäubungsmittels entdeckte. Neben solchen kriminellen Top-Fällen gibt es den zumeist unentdeckt bleibenden „Wald-und-Wiesen-Betrug“, wo man sich etwa einen teuren zerbrochenen Spiegel durch die Haushaltversicherung vergüten läßt, der eingereichte Rechnungsbetrag tatsächlich aber die Anschaffung von neuem Tafelgeschirr betrifft, oder wo über die „kleine Privathaftpflichtversicherung“ die neuen Brillen oder teuren Haftschalen von lieben Gästen gedeckt werden, weil man bei deren Besuch unglücklicherweise auf selbe getreten ist, oder wo man den Schaden eines kaskolosen Autofahrerfreunds von der eigenen Kfz-Haftpflichtversicherung decken läßt, indem man dieser einen „Abdrängschaden“ bloß am fremden Fahrzeug meldet.

Darüber hinaus gibt es den gewerblichen Versicherungsbetrug in großem Stil, wie ihn eine

Wiener Taxilenkerbande betrieb, indem sie Auffahrunfälle provozierte und über Kfz- und Unfallversicherungen in zumindest 150 nachgewiesenen Fällen widerrechtlich mehr als 7,5 Millionen Schilling kassierte; auch der Fall „Farinko", eine Kfz-Reparaturwerkstätte, die sich über betrügerische Vergrößerung von Havarieschäden im Lauf mehrerer Jahre 16 Millionen Schilling an Haftpflichtabgeltungen erschlichen hat, fällt in diesen Bereich; gar nicht zu reden von den international operierenden Verbrecherbanden, die in mehreren Ländern schon einmal abgegoltene Wracks teurer Automodelle, notdürftig repariert, wieder in den Verkehr bringen und über neuerliche Totalschäden widerrechtlich Millionensummen einstreifen. Solche Betrügereien werden erst durch Häufung ähnlicher Umstände, identer Namen von Beteiligten und oft erst nach vielen Jahren auffällig. Die Vielzahl von betroffenen Versicherungen, die Komplexheit der Schadenereignisse und die Unaufmerksamkeit von Schadenreferenten verschafft den Betrügern ein leichtes Spiel. Einfachtäter, die nur einmal im Leben ihre Versicherung prellen, indem sie etwa ihre alte Glastür absichtlich zertrümmern, um von der Versicherung das Geld für eine zur modernen Einrichtung passende neue zu bekommen, bleiben zumeist unentdeckt. Mehrfachtäter, Gauner mit System, die mit demselben Trick jahrelang Millionen abkassieren, können durch Zusammenarbeit von Versicherungen, Polizei und Gerichten überführt werden. Die Versicherungen für sich allein sind dazu kaum in der Lage: Immerhin haben in Österreich rund 1800 Schadensachbearbeiter pro Jahr 2,4 Millionen Fälle im Wert von 29,7 Milliarden Schilling abzuwickeln, das sind arbeitstäglich sechseinhalb Fälle mit einem Schadensbetrag von 82500 Schilling; daß bei dieser Belastung wenige Schadenreferenten Lust zur Betrügersuche haben, scheint verständlich.

Erstaunlich hohe Dunkelziffer

Der wahre Umfang des Versicherungsbetrugs wird auf 5 Prozent aller geltendgemachten Schäden geschätzt; für Österreich würde das - bei 30 Milliarden Schilling jährlicher Schadensumme - einen Wert von 1,5 Milliarden Schilling im Jahr ausmachen. Bei Feuerschäden sollen sogar bis zu 30 Prozent Brandstiftungen sein. Wertmäßiger Schwerpunkt des Versicherungsbetrugs sind jedoch die Kfz-Sparten.

Der polizeilich nachgewiesene und gerichtlich bestrafte Versicherungsbetrug macht nur einen Bruchteil aller Fälle offenkundig. Die Dunkelziffer ist also erstaunlich hoch, der überwiegende Anteil aller Versicherungsbetrügereien bleibt unentdeckt und ungeahndet; erstens weil immer weniger Schadenreferenten in den Versicherungen immer mehr Fälle bearbeiten müssen und so wenig Zeit zur Verfolgung „merkwürdiger“ Schäden haben; zweitens, weil auch die Polizei überfordert ist und immer weniger Personal zur Ausforschung vermuteter Betrügereien bereit hat; drittens, weil viele von den Kriminalisten angezeigte Versicherungsbetrügereien von den Staatsanwaltschaften nicht weiter verfolgt werden.

1988 wurden in Österreich lediglich 60 Fälle von Versicherungsbetrug mit 139 involvierten Personen (davon 22 Ausländer) angezeigt; nur ein Bruchteil von ihnen endete mit gerichtlicher Verurteilung.

Die Versicherungen schlagen zurück

Deshalb gehen die Versicherungen nun intensiv daran, das Netz zur Aufdeckung von Betrügereien durch Aufbau elektronischer Dateien nicht nur engmaschiger, sondern durch systematischen Informationsaustausch auch internationaler zu knüpfen: Schon seit 1969 gibt es in Österreich ein „Büro zur Bekämpfung des Versicherungbetrugs". Hinter dieser hochtrabenden Bezeichnung verbirgt sich die organisierte Zusammenarbeit von 30 bis 35 sogenannten „roten Referenten" aus allen Versicherungsgesellschaften; das sind die mit ambitionierter Spürnase und kriminalistischer Kombinationsgabe ausgestatteten Schadenreferenten, welchen vorzugsweise die Abwicklung verdachterregender Schadenersatzforderungen zugeteilt wird. Sechsmal im Jahr kommen sie zusammen, tauschen Erfahrungen über neue Methoden des Versicherungsbetrugs, Namen von verdächtigen Schädigern, Schadensopfern und Reparateuren sowie einschlägige Gerichtsurteile aus. Dazwischen werden in „Kurrenden“ - derzeit 400 pro Jahr - verdächtige Schadenmeldungen gesammelt und im Rundlauf zwischen den Versicherungen auf Parallelen untersucht; dabei werden manchmal ganze „Fallketten“ und Betrugssysteme aufgedeckt und der Polizei für weitere Ermittlungen übergeben.

Der neueste Schrei im Kampf gegen den Versicherungsbetrug heißt „ZIS“, ein computerisch gestütztes zentrales Informations- und Meldesystem, in das alle großen österreichischen Versicherungen täglich ihre Schadensmeldungen einspeisen; die elektronischen Heinzelmännchen vergleichen Namen der Beteiligten, Schadenhergänge und viele andere Gesichtspunkte miteinander und schlagen Alarm, wenn verdachterregende Häufungen registriert werden.

Die Versicherungen versuchen, sich neuerdings europaweit mit Hilfe moderner Elektronik gegen Betrug zu wehren. Denn nicht die „reichen“, anonym bleibenden Versicherungen, sondern die Versicherten sind das eigentliche Opfer von Versicherungsbetrügern.

Sozialversicherung heute

In der modernen Industriegesellschaft spielt die Sozialversicherung eine nicht mehr wegdenkbare Rolle. Zur Privatversicherung gibt es grundsätzliche Unterschiede, aber kein echtes Konkurrenzverhältnis, obwohl die Ausdehnung der Sozialversicherung auf immer neue Bevölkerungsschichten und Berufsgruppen der Privatversicherung in der Vergangenheit große Marktchancen weggenommen hat.

Als Sozialversicherung wird die durch die öffentliche Hand (Staat) streng gesetzlich geregelte Versicherung für Personen bezeichnet, die den Grundschutz vor den Notfällen des Lebens (Krankheit, Invalidität, Arbeitslosigkeit, Tod) bereitstellt.

Privat- und Sozialversicherung gemeinsam ist, daß sie Entschädigungen für einen ungewissen Zukunftsschaden eines großen Versichertenkreises übernehmen, daß sämtliche Versicherte Beiträge leisten, aber nur die Geschädigten eine Gegenleistung erhalten. Besonderes Unterscheidungsmerkmal der Sozialversicherung ist, daß es bei ihr keine unmittelbare Beziehung zwischen der individuellen Prämie (Beitragsleistung) und der standardisierten Versicherungsleistung gibt: Ein höherer Sozialversicherungsbeitrag gibt keinen Anspruch auf höhere Versicherungsleistungen, während das bei der Privatversicherung sehr wohl der Fall ist. Letztere trägt allerdings dem sozialen

Gesichtspunkt keine Rechnung, während dieser bei der Sozialversicherung zum Prinzip gehört: Die höheren Beiträge der gut Verdienenden helfen mit, die niedrigeren Beiträge der schlechter Verdienenden bei absolut gleicher Anspruchsberechtigung beider verkraftbar zu machen; die Sozialversicherung führt damit einen Ausgleich zwischen verschiedenen Einkommens- und Sozialgruppen durch. Im Wege der automatischen „Mitversicherung" von Familienmitgliedern ohne zusätzliche Beitragsleistung wird bei der Sozialversicherung ein zusätzlicher sozialer Ausgleich hergestellt.

Ein weiterer Unterschied zwischen Privat- und Sozialversicherung ist, daß bei letzterer nicht nur der Versicherte selbst, sondern auch Dritte – Arbeitgeber und Staat – Beiträge (Prämien) zahlen.

Die Sozialversicherung kennt auch keine Gewinnbeteiligung oder Prämienverminderung bei Nichtinanspruchnahme ihrer Leistungen. Andererseits ist bei der Sozialversicherung der durchschnittliche Verwaltungsaufwand niedriger als bei der Privatversicherung: In Österreich beträgt er z. B. in der gesetzlichen Krankenversicherung rund 3,6 %, in der privaten hingegen 15,5 %.

Sozialversicherungsgesetze

Dieses überaus komplizierte System der Sozialversicherung bedarf einer umfassenden gesetzlichen Regelung. Die ersten österreichischen Sozialversicherungsgesetze wurden 1889 als bescheidene Versuche, eine soziale Absicherung für die neue Klasse der Industriearbeiter (Arbeiter-Unfallversicherungsgesetz und Krankenversicherung der Arbeiter) zu schaffen, beschlossen. Die Sozialversicherung in Österreich ist also mehr als 100 Jahre alt. 1909 trat das Pensionsversicherungsgesetz für die Privatangestellten in Kraft, und seit 1917 gibt es in Österreich ein Sozialministerium, dem die Aufsicht über die damals weiter zunehmende Zahl von Sozialversicherungen übergeben wurde. Anfang 1956 ist das „Allgemeine Sozialversicherungsgesetz“ (ASVG) in Kraft getreten, das bis Mitte 1991 nicht weniger als 49mal novelliert (verändert) wurde. Es regelt die Höhe von Beiträgen und Ansprüchen, die Beziehungen zwischen Sozialversicherungsträgern und ihren Vertragspartnern, wie Ärzten, Spitälern, Apotheken, und die Zahlungen, die Arbeitgeber und Staat zur Finanzierung des Systems leisten müssen.

Galt das umfassende Sozialversicherungssystem in Österreich anfangs nur für die unselbständig Tätigen, so wurde es später auch auf Unternehmer, Bauern, Freiberufler und Künstler ausgedehnt, so daß heute 99,1 Prozent der Bevölkerung direkt bzw. als Mitversicherte Ansprüche besitzen.

In den westlichen Industriestaaten kommt der Sozialversicherung stark unterschiedliche Bedeutung für die Bevölkerung zu: In der BRD waren 1989 rund 89 Prozent der Bevölkerung gesetzlich krankenversichert, davon 14 Prozent freiwillig; in der Schweiz waren zur selben Zeit 99,3 Prozent krankenversichert, aber kantonweise sehr unterschiedlich pflicht- bzw. privatversichert. In der Pensionsversicherung dominieren europaweit die staatlichen Vorsorgen, die betriebliche Vorsorge rangiert auf dem zweiten Platz, dahinter die private Vorsorge. In Österreich stammen kaum 7 Prozent aller Pensionseinkommen nicht aus der staatlichen Vorsorge, in Deutschland 14, in Schweden 20,5 und in der Schweiz fast 28 Prozent. Derzeit können 28 Prozent der Österreicher mit einer betrieblichen Altersversorgung rechnen, hingegen 65 der Deutschen sowie 90 Prozent der Holländer und Franzosen.

Sozialversicherung in Österreich

In Österreich gibt es derzeit 28 verschiedene Sozialversicherungsträger: 19 davon sind Krankenversicherungen, und zwar neun Gebietskrankenversicherungen (eine je Bundesland) sowie zehn Betriebskrankenversicherungen (für Großunternehmen, wie Austria Tabakwerke, Wiener Verkehrsbetriebe, Semperit, Staatsdruckerei); weiters gibt es eine allgemeine Unfallversicherung sowie zwei reine Pensionsversicherungen (je eine für Arbeiter und Angestellte), zwei berufsständische Pensionsanstalten (für den Bergbau und die gewerbliche Wirtschaft, die gleichzeitig die Krankenversicherung betreiben) sowie die Sozialversicherungen der Eisenbahner und der Bauern (die Unfall-, Kranken- und Pensionsversicherung nebeneinander wahrnehmen), schließlich die Versicherungsanstalt der öffentlichen Beamten (die Unfall- und Krankenversicherung abdeckt, weil die Beamtenpensionen von der öffentlichen Hand getragen werden) sowie die winzige Pensionsversicherung der Notare.

Dieses verwirrende Gefüge von unterschiedlich großen Trägerorganisationen mit wechselnden Zuständigkeiten ist historisch gewachsen und derzeit mit der Forderung konfrontiert, sich besser zusammenzuschließen und zu zentralisieren, um Personal einzusparen (derzeit 27000 Mitarbeiter bei allen Sozialversicherungsträgern, davon 13000 in der Verwaltung und 10000 im Gesundheitsdienst) sowie die Kosten (1989: 7,2 Milliarden Schilling oder 2,7 Prozent der Gesamteinnahmen) zu senken.

Derzeit gibt es bei den österreichischen Sozialversicherungsträgern mehr als 2,8 Millionen Pensionsbezieher, 4,8 Millionen Unfall- und gut 7,3 Millionen Krankenversicherte – davon 2,6 Millionen Familienangehörige ohne eigene Beiträge sowie rund 4,6 Millionen Beitragszahler.

Der Wert der von den Sozialversicherungsträgern umverteilten Beträge erreichte 1990 die Summe von knapp 280 Milliarden Schilling (gut 197 Milliarden in der Pensionsversicherung, gut 73 Milliarden in der Kranken- und 9 Milliarden in der Unfallversicherung), das sind fast 16 Prozent oder ein Sechstel des österreichischen Bruttoinlandsprodukts (BIP). Die Ausgaben der Sozialversicherungsträger werden durch Beiträge der Versicherten und ihrer Arbeitgeber (1990: 218,7 Milliarden Schilling), Bundesbeiträge aus dem Budget (45,5 Milliarden) und sonstige Einnahmen (Vermögenserträge, Leistungsersätze von 17,3 Milliarden) finanziert. Die Pensionsversicherungen sind der größte Empfänger von öffentlichen Zuschüssen (1990: 44,5 Milliarden Schilling oder 8,1 Prozent der gesamten Staatsausgaben), gefolgt von der Krankenversicherung (0,75 Milliarden für die Bauern) und der Unfallversicherung (0,25 Milliarden).

Reformbedarf in der Sozialversicherung

In der gesetzlichen Pflichtversicherung Österreichs werden sich tiefgreifende Änderungen nicht länger vermeiden lassen. Folgende Umstände haben den politischen Druck in Richtung einer grundlegenden Reform intensiviert:

- die hohe und voraussichtlich weiter zunehmende Belastung des Staatshaushalts mit Zuschüssen an die Sozialversicherungsträger – insbesondere in der Pensionsversicherung wegen Überalterung der Bevölkerung, neuerdings aber auch in der notleidend werdenden

Krankenversicherung wegen wachsender Defizite der Krankenanstalten;

- die sich immer weiter öffnende Schere zwischen dem hohen Lebensstandard von Aktiven und dem bescheideneren von Pensionisten;
- ein Höchstgerichtserkenntnis, das eine baldige Beseitigung des derzeit noch geschlechtsspezifisch unterschiedlichen Pensionsantrittsalters verlangt;
- der in letzter Zeit sprunghaft gewachsene Gesundheitsanspruch breiter Bevölkerungsschichten, verbunden mit steigender Lebenserwartung und kostspieligen medizintechnischen Fortschritten;
- der immer deutlichere Wunsch der Versicherten nach größerer Kundennähe der Serviceeinrichtungen der Sozialversicherungsanstalten, der in eklatantem Widerspruch zur gleichzeitigen Forderung nach Zentralisierung und Kosteneinsparung steht;
- nicht zuletzt die neuen Pensionskassen in Österreich, die Sozialversicherungsträger (und Privatversicherungen) unter Zugzwang bringen.

Echter Durchbruch des 3-Säulen-Systems

Das mehrfach zur Diskussion gestellte (Volks-) Pensionssystem für alle Arbeitnehmer wird allerdings nur die Grundstufe einer Alters- und Invaliditätsvorsorge in einem Wohlfahrtsstaat wie Österreich bilden können. Die überfällige Reform des notleidenden (Pflicht-)Sozialversicherungssystems wird wahrscheinlich zu einem erhöhten Bedarf an privatem Versicherungsschutz führen, insbesondere in der Kranken- und Lebensversicherung. Andererseits stellen die Mitte 1990 geschaffenen Pensionskassen (überbetriebliche Institutionen, die verbindliche Pensionszusagen an Arbeitnehmer und deren Hinterbliebene geben) eine ernste Konkurrenz zur etablierten individuellen Lebensversicherung dar. Die Pensionskassen werden das im Ausland weitverbreitete 3-Säulen-System der Altersvorsorge in Österreich wahrscheinlich stärker durchsetzen.

In der Diskussion über eine neue Organisation des österreichischen Sozialversicherungssystems wird dessen wichtige soziale und wirtschaftliche Rolle oft übersehen oder stark unterbewertet. Regelung der Anspruchsberechtigung und Finanzierung bei den meisten Sozialversicherungsträgern sind aber höchst reformbedürftig geworden, so daß die Privatversicherungen zu Recht auf neue Märkte hoffen können.

Die Zukunft der Versicherung

Die Versicherungen in Österreich, ja in ganz Europa schwanken derzeit zwischen Hoffen und Bangen: Unter Fachleuten ist heftig umstritten, ob die absehbaren neuen Rahmenbedingungen den Versicherungen eher schmerzliche Opfer auferlegen oder doch mehr zusätzliche Chancen geben werden.

Das Geschäft der privaten Vertragsversicherung – das zeigen alle Erfahrungen aus der Vergangenheit – wächst weit schneller als die Weltwirtschaft. Da für letztere in den kommenden Jahren ein fortgesetztes Wachstum angesagt ist, gibt es keinen Zweifel daran, daß auch die Versicherungen nach wie vor zu den wenigen echten wirtschaftlichen Wachstumssparten zählen werden. Das heißt: Die Versicherungsdichte auf dem Erdball wird weiterhin zunehmen.

Doch diese angenehme Entfaltung wird nicht überall auf der Erde und auch nicht in ganz Europa gleichmäßig vor sich gehen; der Fortschritt wird auch nicht alle Versicherungssparten einheitlich verwöhnen. Ganz im Gegenteil!

Für das nächste Jahrhundert wird die Herausbildung von drei Top-Weltwirtschaftsgebieten – Nordamerika (USA und Kanada), Westeuropa (EG, EFTA und einige osteuropäische Länder) sowie pazifisch Ostasien (Japan samt den sogenannten „vier kleinen Drachen", Korea, Taiwan, Singapur, Hongkong) erwartet. In dieser „Triade" wird sehr wahrscheinlich das höchste Wirtschaftswachstum, der beste Lebensstandard erarbeitet werden und die schnellste technische Weiterentwicklung stattfinden. Genau in diesen aufstrebenden Weltregionen wird auch die private Vertragsversicherung am besten florieren. Dabei dürften die sich jetzt abzeichnenden Trends auch in den kommenden Jahren anhalten: Der Anteil Nordamerikas am Weltversicherungsmarkt wird sinken, Europa wird langsam, Asien kräftig zulegen.

Die Lebensversicherung wird – nicht zuletzt dank staatlicher Förderungen in vielen Industriestaaten – anteilsmäßig rasch zunehmen, alle anderen Sparten (Sachschaden-, Kranken-, Unfallversicherung) werden stagnieren bis leicht zurückgehen; dennoch wird das Prämienvolumen auch in den Nicht-Leben-Sparten schneller wachsen als die Weltwirtschaft, aber eben nicht ganz so flott wie das der Lebensversicherung.

Angesichts der international fortschreitenden Befreiung des grenzüberschreitenden Kapital- und Zahlungsverkehrs von allen Beschränkungen und mit der noch nachhinkenden Deregulierung des staatlichen Aufsichtsrechts werden die bisher geschützten Versicherungsmärkte zusehends aufbrechen und wird das grenzüberschreitende Anbieten von Versicherungsleistungen mehr in Mode kommen, so daß rein national ausgerichtete Versicherungen unter starken Konkurrenzdruck gelangen werden. Das bedeutet für den Konsumenten einerseits tendenziell billiger werdenden Versicherungsschutz, andererseits immer mehr unterschiedliche und damit verwirrendere Vertragsbedingungen, unter besonders widrigen Umständen vielleicht sogar das Problem, sich seinen Anspruch gegenüber einer im eigenen Land nicht vertretenen Versicherung vor einem ausländischen Gericht in fremder Sprache nach ungewohnten Rechtsgrundsätzen erstreiten zu müssen.

Zwei Versicherungssparten dürften jedoch vom allgemeinen Zittern vor der Zukunft ausgenommen sein: die Transportversicherung und die Rückversicherung. Denn beide sind schon seit jeher international orientiert, ihre Exponenten arbeiten traditionell grenz-, ja kontinentüberschreitend zusammen und praktizieren längst das, was auf die anderen Versicherungssparten jetzt erst zukommt.

Der EG-Versicherungsmarkt

1993 ist die Vollendung des EG-Binnenmarkts angesagt; und wenn auch bei der Verwirklichung dieses Ziels eines riesigen Marktes ohne Grenzen inzwischen gravierende Verzögerungen eingetreten sind, so ist trotzdem damit zu rechnen, daß für alle – auch die österreichischen – Versicherungen demnächst einschneidende Veränderungen in der Konkurrenzlage eintreten werden. Schon die letzten Jahre zeigten, daß auch ohne EG-Mitgliedschaft Österreichs wichtige Rahmenbestimmungen für die Versicherungen den geltenden Regelungen in der Europäischen Gemeinschaft nachempfunden wurden. Das bedeutet: Auch ohne formelle EG-Mitgliedschaft Österreichs hat für seine Versicherungen das große Europa bereits konkret begonnen. Allerdings wird die Schaffung eines großen europäischen Binnenmarktes ohne Grenzen bei den Versicherungen wesentlich schwieriger werden und länger brauchen als bei Industrie und Gewerbe. Den Versicherungen Europas, auch Österreichs, ist damit eine längere Vorbereitungszeit auf den „gemeinsamen Markt ohne innere Grenzen" gewährt als den Erzeugern von Sachgütern (Waren).

Was für die Versicherungen im EG-Raum entweder schon heute zutrifft oder in absehbarer Zeit noch zutreffen wird, ist zum Zeitpunkt einer EG-Vollmitgliedschaft oder einer Teilnahme unseres Landes am EG-Binnenmarkt durch Verwirklichung des Europäischen Wirtschaftsraums (EWR) auch für österreichische Versicherungen bindend.

- Die EG-Kommission in Brüssel hat konkret vor, einen einheitlichen, durch keinerlei gesetzliche Barrieren territorial geteilten Versicherungsmarkt herzustellen. Dieses Ziel peilt sie vor allem durch Bemühen um Harmonisierung (Angleichung) des derzeit noch sehr unterschiedlichen Versicherungsaufsichtsrechts der zwölf EG-Mitgliedsländer an.
- Die Niederlassungsfreiheit für Versicherungen ist in der EG seit Ende der siebziger Jahre verwirklicht; das heißt, daß sich jede Versiche-

rung aus jedem der zwölf EG-Länder in jedem anderen EG-Land frei niederlassen und betätigen darf, und das genau zu den für inländische Versicherungen gültigen Bedingungen (aufgrund des Diskriminierungsverbots für EG-Ausländer). Die EG schreibt für Neugründungen eine Spartentrennung zwischen Lebens- und Nicht-Leben-Versicherungen vor; bereits aktive Kompositversicherer sind weiterhin zugelassen.

- Die Dienstleistungsfreiheit in der EG ist bei der Sachversicherung seit 1988 allerdings nur bei Großrisiken (Transport-, Kredit-, Kautionsrisiken sowie Schadenversicherung von Großunternehmen) verwirklicht; für die Lebensversicherung gibt es einen EG-Richtlinienentwurf. Dienstleistungsfreiheit heißt, daß jede EG-Versicherung in jedem EG-Land Versicherungsverträge abschließen darf, auch ohne dort eine eigene Niederlassung zu haben. Derzeit ist die EG-Kommission bestrebt, auch für das Massengeschäft (Kranken-, Unfall-, Kfz-Kaskoversicherung) eine Vereinheitlichung der Versicherungsregulierung zu erreichen; ausgenommen vom freien Dienstleistungsverkehr sollen jedoch Pflichtversicherungen, insbesondere die Kfz-Haftpflichtversicherung, sein.
- Die EG-Kommission bereitet neuerdings ein einheitliches Versicherungsrecht, eine einzige EG-Zulassung für das gesamte Versicherungsgeschäft in ihrem Raum vor; dies soll die Errichtung von Filialen in anderen EG-Ländern und

gleichzeitig das Anbieten von Versicherungsprodukten auch im Dienstleistungsverkehr gestatten. Zulassung und laufende Kontrolle der Versicherungen sollen nur der Aufsicht des Sitzlandes obliegen.

- Der gesamte Kapitalverkehr ist in der EG bereits seit 1988 praktisch verwirklicht; das heißt, daß Geld für wirtschaftliche Lieferungen und Leistungen - nicht jedoch für Spekulationen! - frei die Grenzen passieren kann oder daß die Haltung von Fremdwährungskonten im gesamten EG-Bereich gestattet ist; in Österreich wird die Liberalisierung des Kapitalverkehrs erst 1992 voll verwirklicht sein.
- In den letzten Jahren hat es innerhalb der EG eine lange Reihe (168 in vier Jahren!) völlig freiwilliger Versicherungs-Zusammenschlüsse (Fusionen, Übernahmen, Mehrheitsbeteiligungen) gegeben; Ziel dabei ist es, als Vorbereitung auf den künftigen EG-Binnenmarkt die eigene Substanz und die Position auf dem Heimatmarkt zu stärken.

Integrationsschock für Versicherungen

Der österreichische Versicherungsmarkt war bisher vom Ausland weitgehend abgeschottet, die Härte des Wettbewerbs nicht eben überwältigend. Die EG wird den bislang geschützten Versicherungsmarkt Österreich aufbrechen. Damit sind die heimischen Versicherungen einem stärkeren Integrationsschock ausgesetzt als Wirtschaftszweige, die schon bisher unter freier Konkurrenz zum Ausland standen, wie etwa Industrie oder Tourismus.

Wahrscheinliche Folgen des EG-Binnenmarkts für die österreichischen Versicherungen sind:

- Die derzeit strenge staatliche Versicherungsaufsicht wird an die EG-Normen angepaßt und dabei gelockert werden müssen; das bedeutet eine Liberalisierung der Zulassung und den Wegfall der derzeitigen Kautionspflicht für Zweigniederlassungen von EG-Versicherungen.
- Der Marktzutritt zusätzlicher ausländischer Versicherungsanbieter wird erleichtert werden, sei es durch deren Niederlassungen in Österreich, sei es durch grenzüberschreitendes Dienstleistungsangebot.
- Die fünffache Versicherungs(„flucht“)steuer wird zumindest für alle Verträge mit EG-Versicherungen beseitigt.
- Die in Österreich vorgeschriebene höhere Mindest-Kapitalausstattung (Solvabilität) wird dem niedrigeren EG-Niveau angepaßt werden müssen und die restriktiven Veranlagungsvorschriften für österreichische Versicherungen müßten nach EG-Vorbild freizügiger gehandhabt werden.
- Die künftigen Bilanzierungsregeln der EG werden für Österreich eine bessere Verstehbarkeit der veröffentlichten Jahresabschlüsse der

Versicherungen für Nichtfachleute bringen. Bei den Kapitalanlagen wird ein Ausweis sowohl des (in der Regel niedrigeren) Anschaffungs- als auch des (meist viel höheren) Zeitwerts (neu!) eingeführt werden; dies bedeutet, daß der wahre Wert insbesondere von Immobilien und Firmenbeteiligungen im Vermögen von Versicherungen realistischer dargestellt wird.

Die bereits deutlich absehbare Marktöffnung, der härtere Wettbewerb und die starke Verbreiterung des Angebots in EG-Zeiten läßt für Versicherungskunden niedrigere Prämien, eine größere Vielfalt von Versicherungsangeboten und damit eine breitere Auswahl, aber auch stärkere Unübersichtlichkeit und damit Unsicherheit bei Letztverbrauchern, ein deutliches Vordringen von Versicherungsmaklern und einen verstärkten Trend zum Allfinanzsystem erwarten: Bei dieser zunehmenden Verschränkung von Geldinstituten und Assekuranz wird das Anbieten von Massenversicherungen am Bankschalter so alltäglich werden wie die Abwicklung von Geldgeschäften (etwa Privatkrediten) durch die Versicherungen.

Bei den österreichischen Versicherungen ist ein zahlenmäßiges Schrumpfen, eine Konzentration der Unternehmen auf weniger Sparten und ein Trend weg von abhängigen Versicherungsvertretern hin zu unabhängigen Versicherungsberatern zu erwarten.

Die zur Erzeugung von Versicherungsschutz erforderlichen Kosten – vor allem für interne Verwaltung und für den Außendienst – werden unter dem zunehmenden Konkurrenzdruck gesenkt werden müssen; auch die Gewinne der Versicherungen werden schmelzen.

Der zunehmende Wettbewerb wird zu einer positiven Auslese – Wegfall der teuren, schlechten, unbeweglichen, kundendienstfeindlichen Versicherungen und Aufschwung von „schlanken“, kostengünstig arbeitenden, quicken Unternehmen führen; es dürfte auch zu einer Polarisierung kommen – Aufschwung von einerseits multinational arbeitenden Mammutversicherungen, andererseits von kleinen, auf bestimmte sachliche und geographische Teilmärkte konzentrierten Versicherungen; die größten Probleme werden künftig vermutlich die mittelgroßen Allround(Komposit)-versicherungen mit geringem Europaprofil haben.

Generell wird im großen Versicherungsmarkt Europa der Zukunft gelten: Für potente Firmenkunden wird das Versicherungsgeschäft grenzüberschreitend, ja beinahe global werden, für individualistische Privatkunden wird es eher national, vielleicht sogar regionaler als bisher werden.

Die umfassende Deregulierung und fortschreitende Konzentration der Versicherungen zwingen die meisten Länder, die Assekuranz grundsätzlich dem Kartellrecht zu unterwerfen. EG-Richtlinien sehen die volle Einbeziehung und eine wirksame Fusionskontrolle für Versicherungen vor. Auch Österreich kann sich dieser Entwicklung nicht entziehen, insbesondere weil auch hier die Konzentrationstrends deutlich ausgeprägt sind.

Österreichs Versicherungsleid und -freud

In einer Studie vom August 1990 über die Auswirkungen des angepeilten Europäischen Wirtschaftsraums (EWR) durch Zusammenschluß von EG und EFTA - mit rund 370 Millionen Konsumenten in 19 europäischen Staaten und mit Verwirklichung der vier Grundfreiheiten des EG-Binnenmarkts - auf die Prämiensätze von Versicherungen wird für Österreich ein Preissenkungspotential von 34 Prozent angegeben; weitaus höher wären laut Studie die Prämienreduktionen in der Schweiz (48 %), in Norwegen (41 %) und Finnland (40 %), geringer nur in Schweden (30 %). Die derzeit grassierende Angst vor einem verheerenden Konkurrenzdebakel österreichischer Versicherungen angesichts eines überbordenden Wettbewerbs mit den EG-Versicherungsgiganten ist allerdings übertrieben:

- Der österreichische Versicherungsmarkt steht aus historischen, sprachlichen und geographischen Gründen bereits seit langem stark unter Auslandseinfluß; die meisten führenden EG-Versicherer sind also schon jetzt in unserem Land gut etabliert.
- Der österreichische Versicherungsmarkt hat nur durchschnittliche Wachstumsaussichten; für expansionssüchtige EG-Versicherer bieten die weitaus rascher wachsenden südeuropäischen

Märkte, etwa Spaniens, Italiens, Frankreichs, Griechenlands, Portugals, oder die seit kurzem offenen, entwicklungsträchtigen Märkte Osteuropas ein weit verlockenderes Aktionsfeld als der versicherungsmäßig bereits gut erschlossene „Randmarkt" Österreich.

Nichtsdestoweniger wird der unaufhaltsame Trend zum großen europäischen Markt die in Österreich tätigen Versicherungen vor die größte Herausforderung des letzten halben Jahrhunderts stellen: In der Industrieversicherung dürfte der neue Wettbewerbswind am frühesten zu verspüren sein, denn bei den teuren Großrisiken der Schaden- und Unfallversicherung ist kein flächendeckendes Zweigstellen- oder Betreuungssystem erforderlich; Fachleute erwarten für die Industrieversicherung die baldige Herausbildung einer „Europa-Polizze" mit kontinentweit einheitlichen Bedingungen und relativ günstigen Prämien; in dieser Sparte werden wenige Spezialversicherer den Markt beherrschen und die österreichischen Versicherer an die Wand drücken.

Im Massengeschäft der Schaden- und Unfallversicherung (Kleingewerbe, private Haushalte), wo ständige Präsenz und ein ausgebautes, kundennahes Vertriebsnetz nötig sind, werden sich die etablierten heimischen Versicherungen besser behaupten. Ähnlich gering dürften die Chancen von Ausländern in der Lebens- und Krankenversicherung sein, wo es ebenfalls nicht ohne ein schlagkräftiges Vertriebssystem geht; gerade hier ist jedoch mit einer verschärften Inlandskonkurrenz zwischen Versicherungen und Geldinstituten zu rechnen. Es wird also darauf ankommen, wer am schnellsten neue Angebotspakete präsentiert und es sich als erster zutraut, die in Österreich überaus konservative Risikoberechnung (Sterbewahrscheinlichkeit) den internationalen Vorbildern anzupassen und damit günstigere Lebensversicherungsprämien anzubieten.

Auch bei den Vermögensveranlagungen der österreichischen Versicherungen dürfte es bald Veränderungen geben: Dr. Walter *Petrak*, der Präsident des Versicherungsverbandes, schlug Ende 1990 vor, die Kapitalien, die in privaten Pensionsversicherungen liegen, vermehrt für die Finanzierung des Wohnbaus zur Verfügung zu stellen; denn, so Petrak, die Schaffung von Wohnraum werde in den kommenden Jahren mit der vermehrten Zuwanderung aus dem Osten Europas wahrscheinlich eines der großen Probleme Österreichs sein.

Der bevorstehende große europäische Markt, das ehrgeizige Binnenmarktkonzept der Europäischen Gemeinschaft sowie die Veränderungen im europäischen Osten werden unseren beschaulichen Versicherungsmarkt gründlich durcheinanderwirbeln, wie es schon jahrzehntelang nicht mehr der Fall war.

Praktische Versicherungstips

Zwischen den mächtigen Versicherungen und ihren Kunden herrscht seit langem eine geradezu absurde Haßliebe. Seit das Urprinzip der Gefahrengemeinschaft bei beiden Partnern in Vergessenheit geraten ist, wächst das gegenseitige Mißtrauen. Versicherungen sehen in ihren Kunden allzu oft eine anonyme Masse, die mit Einheitsleistungen zu Einheitspreisen abgespeist werden kann und nur mit juristisch spitzfindig textierten Bedingungen unter Kontrolle zu halten ist. So mancher Konsument wieder sieht in seiner Versicherung eine böse Melkkuh, die dauernd frißt und nur selten, und dann noch widerstrebend, Milch gibt. Dabei wäre es leicht, alle Mißverständnisse auszuräumen, denn Nutzen und Schaden von Versicherungen liegen ganz nahe beieinander.

Dazu einige nützliche Tips, wie man als Versicherungskunde echte Enttäuschungen meidet.

Erste Grundregel: Man frage nicht nur einen einzigen Versicherungsvertreter – auch wenn er der beste Freund oder der respektable Ortsgendarm sein sollte –, wenn man sich optimal versichern will. Es ist allemal ratsam, mehrere Angebote zum Vergleich von Preisen und Bedingungen einzuholen. So erspart man sich oft 10 bis 20 Prozent an Prämie; erstens weil Wettbewerb stets die Preise senkt und zweitens weil man Risikoabdeckungen, die man nicht wirklich braucht, eliminieren kann.

Fehler vermeidet man am ehesten, wenn man einen versicherungsunabhängigen Fachberater (Makler) ins Vertrauen zieht. Von einem unternehmensabhängigen Vertreter sollte man sich keine objektiven, kritisch abwägenden Vergleiche mehrerer Angebote erwarten. Wenn es zum Abschluß kommt, kassieren beide ansehnliche Vergütungen, die bereits in die Prämie einkalkuliert sind und so lange ausbezahlt werden, wie der Versicherungsvertrag läuft: Der Versicherungsvertreter erhält ein fixes Gehalt und dazu eine zumeist 8prozentige Provision, der Makler eine „Courtage" von 12,5 Prozent; beides kommt kostenmäßig etwa gleich!

Grundregel zwei: Der Vergleich von Angeboten mehrerer Versicherungen sollte nicht nur nach Prämienhöhe und Deckungsumfang, sondern auch nach den Erfahrungen bei der Abwicklung von Schäden vorgenommen werden. Kleinere Prämiendifferenzen werden oft durch großzügige, flotte Bearbeitung und Liquidation von Schäden wettgemacht. Der Zinsengewinn durch schnell und voll ausbezahlte Schadenbeträge bei der einen Versicherung kann weit höher sein als ein mühsam ausgehandelter winziger Prämiennachlaß bei einem weniger kulanten Versicherer.

Grundregel drei: Die Ära überlanger, zehn- und 20jähriger Versicherungslaufzeiten – mit Ausnahme der Lebens- und Krankenversicherung – ist vorbei. Heute geht der Trend zu kurzfristigen, meist einjährigen Versicherungslaufzeiten.

Weiterführende Literatur

Zur Vertiefung des Themas empfiehlt der Autor folgende Bücher, die er auch als Quellen benutzt hat:

Farny, Dieter: Die deutsche Versicherungswirtschaft – Markt, Wettbewerb, Konzentration, Verlag Versicherungswirtschaft (VVW) Karlsruhe, 1983

Image der Versicherungen, Zusammenfassung der Hauptergebnisse, Österreichisches Meinungs- und Marktforschungsinstitut, Das Österreichische Gallup-Institut, Mai/Juni 1988

100 Jahre österreichische Sozialversicherung, 1889–1989, Wien 1989

Rohrbach, Wolfgang: Versicherungsgeschichte Österreichs, 3 Bände, herausgegeben von A. Holzhausens Nfg., Wien 1988

Rück-Fragen, herausgegeben von der Schweizerischen Rückversicherungs-Gesellschaft, Zürich 1984

Schauer, Martin: Einführung in das österreichische Versicherungs-Vertragsrecht, Service Fachverlag an der WU Wien, 1989

Sigma, Zeitschrift der Schweizerischen Rückversicherungs-Gesellschaft, Zürich

Szopo, Peter: Die österreichische Versicherungswirtschaft im EG-Binnenmarkt, Wien 1990

Versicherungs Leitfaden, Kleingedrucktes – groß geschrieben, Österreichischer Versicherungsverband, Wien 1990